# 日本足壇
## 名將實錄

羅伊、鄭先萌、破風、凱爾文——著

# 目次

文／破風

文／羅伊

# 1

# 來自川崎的馬拉度納

# 武田修宏

川崎讀賣在Ｊ聯賽始創之時雄霸日本足壇，三浦知良（Miura Kazuyoshi, 1967-）和瑠偉（Ramosu Rui, 1957-）等主將更是家傳戶曉的傳奇球星，當時在陣中的另一主力前鋒武田修宏（Takeda Nobuhiro, 1967-）更曾經被稱為「來自川崎的馬拉度納」。

武田修宏在少年時代已經在家鄉靜岡縣被稱為天才，無論是小學或是國中階段都曾率領學校球隊奪得冠軍，所以在國中的時候即已代表日本少年隊到外國參與比賽。高中畢業後，武田修宏便到讀賣電視台的子公司靜岡第一電視台任職，並因此加盟讀賣足球隊，即川崎讀賣的前身。由於球隊在神奈川縣，所以他每天上午在靜岡縣上班，中午便坐電車到神奈川縣練球。不過這樣也難不倒他，在首個賽季射進十一球協助球隊獲得ＪＳＬ聯賽冠軍，並當選新人王和最佳十一人陣容。於是他在第二個賽季被ＪＳＬ賽會塑造成海報代言球星，並於一九九〇／一九九一年賽季及一九九一／一九九二年賽季兩度為川崎讀賣再奪聯賽冠軍。

到了一九九三年Ｊ聯賽成立，武田修宏跟三浦知良、瑠偉和北澤豪

（Kitazawa Tsuyoshi, 1968-）等人創造黃金時代，首個賽季便射進十七球，協助川崎讀賣成為首屆聯賽冠軍。在第二個賽季，武田修宏的成績更佳，聯賽進球數達二十三球，成為川崎衛冕成功的功臣，更當選最佳十一人。武田修宏在川崎讀賣的表現出色，因此跟瑠偉等隊友一起成為日本隊國腳，並在首戰對新加坡便取得進球。可是由於當時日本的中鋒不少，所以一直都未能受重用，包括日本足球界一直耿耿於懷的「杜哈悲劇」，武田修宏在這場比賽也只是在最後十分鐘替補上場。結果武田修宏在日本沒能打進決賽圈後便淡出國家隊，一九九四年起便沒有為日本隊上場。

隨著讀賣集團撤出川崎隊，武田修宏和一眾冠軍隊成員都離隊他投，於是在一九九六年回到故鄉加入磐田山葉，不過這時候他被安排成為右後衛。踢了一個賽季後，武田決定回到川崎，可是沒有太多上場機會之下，半個賽季後便獲當時效力京都不死鳥的瑠偉邀請，二人再次成為隊友，半個賽季便射進九球。不過由於瑠偉在賽季後回歸川崎，所以武田修宏也選擇離開京都，下一站是古河市原。

雖然加盟市原的時候已經三十二歲，武田修宏仍然保持射手本色，連續兩個賽季都有雙位數字進球；不過踢完兩個賽季後，武田修宏就被球會通知可以離開。於是他第三次加盟川崎綠茵，縱然薪金只有在市原的時候的四分之一。

可惜這次回巢對武田修宏而言是個錯誤，因為他根本沒有上場機會。但是，這時候他卻收到來自巴拉圭球隊盧捷諾（Sportivo Luqueno）的邀請，於是在三十三歲的時候終於首次在外國踢球。然而這次旅外為期很短，因為邀請他加盟的總教練很快被辭退，所以只在巴拉圭三個月便離開，他僅有兩次上場機會。於是他第四次加盟綠茵，這時球隊已經將大本營搬到東京。他在東京綠茵踢了十九場比賽，進了兩球，賽季後決定退役。

武田修宏退役後的生活仍然相當多姿多采，由於在球員時代已經有豐富的參與電視節目演出經驗，所以他在不少綜藝節目和足球節目都有出場，還在ＮＨＫ的教育頻道擔任西班牙語課程節目的主持，同時也著書分享足球見解。雖然他有五級教練資格，不過並沒有成為教練，反而更享受在媒體界的生活。

### J聯賽

日本職業足球聯賽（Japan Professional Football League）之簡稱，也稱日職、日職聯。日職聯於一九九三年成立，以「J. League」為名舉辦以年度為單位的季賽。一九九九年時改制為兩部制：「J1」為日本職業足球甲級聯賽，「J2」為日本職業足球乙級聯賽。此外，日職聯為了推廣地區的足球運動發展，以及擴大日職聯規模，提出了日職聯百年計畫，而合資格的俱樂部亦陸續申請加入。而自二〇一四年起，由於俱樂部隊數已經達到一定數量，日職聯方面正式成立簡稱「J3」的日丙聯賽，是全新的第三組別的職業聯賽，與原來的日足聯分拆。現時日丙的冠軍和亞軍若持有J2牌照均可直接升級。

# 2

# 日本世界盃第一人

# 中山雅史

日本現在已經是世界盃決賽圈的常客，二〇一八年一屆甚至看到晉級八強賽的希望。不過回望首次參與決賽圈的一九九八年一屆，日本卻是連進球也得來不易，中山雅史（Nakayama Masashi, 1967-）則是為日本在世界盃決賽圈打開進球大門的第一人。

形象像粗漢的中山雅史在球員生涯以超強的門前把握力，成為J聯賽和日本隊史上其中一名進球最多的前鋒。不過在高中時代他卻是中衛，而且在大學時代更曾經跟另一名傳奇球員井原正巳（Masami Ihara, 1967-）成為中衛組合。幸好後來獲前輩長谷川健太（Hasegawa Kenta, 1965-）提點，令他選擇重返前鋒位置。在一九九〇年大學畢業後，中山雅史加盟家鄉球隊山葉隊，即是磐田山葉的前身，同年首次入選日本國家隊。磐田山葉在一九九二年落選J聯賽初創球會名單，於是他獲得同縣的當選球隊清水心跳邀請，不過他希望繼續留效山葉隊而拒絕，最終他在一九九四年隨磐田山葉升上J聯賽。

中山雅史在首場J聯賽便進球，可惜踢了十二場聯賽後便受傷，餘下賽季都沒能上場。翌年他傷癒復出立即大發神威，加上磐田羅致了一九九〇年世界盃金靴獎得主斯基拉奇（Salvatore Schillaci, 1964-），令中山雅史如魚得水，整個賽季射進十五球。一九九七年，中山雅史在磐田山葉和國家隊都開創高峰，他率領磐田拿到第二階段聯賽冠軍，並在決賽射進三球，擊敗鹿島鹿角首奪J聯賽冠軍，他也成為決賽MVP。在國家隊層面上，因為同齡的三浦知良狀態不佳，中山雅史在世界盃資格賽最後階段獲得機會，他也好好地把握住，在對伊朗的附加賽取得進球，協助日本首次打進決賽圈，從此他便成為國家隊首席中鋒。

一九九八年是中山雅史在日本足球史上留名的一年，他在世界盃決賽圈為日本踢滿三場分組賽。雖然日本在這一屆賽事三戰皆敗北出局，不過中山雅史在對牙買加的分組賽為日本射進世界盃決賽圈史上首個進球，也是當屆的唯一進球，他的名字從此留下在史冊。世界盃結束後，中山雅史在磐田保持良好狀態，整個賽季射進三十六球，首次獲得金靴獎和賽季MVP。可惜他在決賽進球也無法阻止磐田落敗，衛冕失敗。

中山雅史在一九九九年開始便協助磐田首次奪得亞冠錦標，雖然他在這一年的狀態不佳，整個賽季只進六球，也沒能協助日本隊在美洲盃贏球，在分組賽便出局，不過磐田仍然可以重奪聯賽冠軍。二〇〇〇年，中山雅史回復佳態，整個賽季射進二十球，再次奪得J聯賽金靴獎，可惜磐田再次於聯賽衛冕失敗。到了二〇〇二年世界盃，中山雅史再次入選決賽圈大軍，得以參與自家門口舉辦的世界盃。可是由於當時的總教練特魯西埃（Philippe Troussier, 1955-）重用年輕人，所以中山雅史只能在對俄羅斯的分組賽替補上場十餘分鐘，並在二〇〇三年對阿根廷的友誼賽後再沒有入選。

在二〇〇二年賽季以十六個進球協助磐田第三度奪得J聯賽冠軍後，中山雅史和磐田的發展也開始走下坡路。從二〇〇三年開始「減產」，此後再沒有一個賽季進球達雙位數，上場時間也不斷減少，磐田山葉也再沒有拿過冠軍。不過中山雅史在二〇〇八年賽季仍然有進球，是首名在J聯賽連續十五個賽季都有進球的球員。直到二〇〇九年，年屆四十二歲的他在整個賽季只上場一次，才首次於整個賽季沒有進球。賽季結束後，中山雅史終於離開效力了二十年的山葉隊。

不過中山雅史並沒有就此退役，他在二〇一〇年轉投札幌岡薩多，並於二〇一二年賽季以年屆四十五歲之齡打破J1聯賽最年長上場紀錄，直到二〇二〇年才被同級生三浦知良打破。二〇一二年賽季後，首次退役，開始從藝能界方面發展，成為各大電視台足球節目主持的常規人選。在退役三年後，中山雅史卻在靜岡縣J3聯賽球隊沼津青藍復出，可是效力五年來都只是掛名而已，不僅從來沒踢過正式比賽，連熱身賽參與的次數也是屈指可數。當然他的「正職」其實是擔任球隊青年軍教練以及電視節目主持。

到了二〇二一年，中山雅史跟磐田山葉再續前緣，在沼津青藍五年後決定「再次」退役，回到磐田擔任全職助教，繼續為母會做出貢獻。

# 3

# 被壓力打垮的日本彗星

# 前園真聖

在一般球迷的認知當中，現代日本足球的第一代明星代表是三浦知良，第二代明星代表就是中田英壽（Nakata Hidetoshi, 1977-）。本來第二代明星代表應該是前園真聖（Maezono Masakiyo, 1973-），在中田英壽出現之前，他更被認為是日本足球的救世主。可是名成利就的同時也帶來巨大壓力，而這些壓力就令這個本來可以成為一代球星的前園真聖一蹶不振。

前園真聖在一九九二年讀完高中後便加入新成立的J聯賽球隊橫濱飛翼，在一九九三年J聯賽開打之後，他首次去到阿根廷的拉普拉塔（La Plata）體操會學法兩個月，學有所成回到日本後便立即成為橫濱飛翼的主力進攻中場，而且成為球隊拿到當年天皇盃冠軍的功臣，當時的前園真聖只有二十歲。隨著不斷的在職業聯賽接受磨練，前園真聖的球技也不斷進步，不但在日本奧運隊成為了隊長，還在一九九六年協助橫濱飛翼拿到上半賽季冠軍。

前園真聖的職業生涯在一九九六年夏天達到巔峰，當時他以隊長身分率領日本U23代表隊出戰亞特蘭大奧運會男足項目，在第一場比賽協助日本以一比零擊敗球星如雲的巴西隊，是日本足球史上首次擊敗森巴兵團，這場戰役被日本媒體稱為「邁阿密奇蹟」。而且前園真聖在第三場分組賽梅開二度，成為日本擊敗匈牙利的頭號功臣。可是日本在得失球差不及巴西和奈及利亞之下沒能晉級，不過前園真聖已經被日本足球壇視為新一代領軍人物，並立即成為國家隊正選進攻中場，跟三浦知良和中山雅史等前輩一起擔起日本隊的進攻重任。

不過在奧運會後，前園真聖的狀態不斷下滑，除了沒能協助橫濱飛翼拿下聯賽冠軍，在一九九六年末的亞洲盃決賽圈同樣表現不佳，令日本隊在八強賽出局，衛冕失敗，日本國內開始對前園真聖的表現發出不滿的聲音。不過這些都沒有阻止川崎綠茵隊要將前園真聖收歸旗下的決心，最終前園真聖在一九九七年一月以當時破日本紀錄的轉會費二億五千萬日元轉會。這次轉會成為前園真聖的足球事業進一步顛躓下沉的轉捩點。

當時的川崎綠茵已經陷入主力老化的危機，前園真聖不僅獨力難支，而且因為背負著破紀錄高額轉會費的包袱而沒能發揮外界預期的水準，甚至很快便失去正選席位。加上他在狀態低迷時不斷接拍電視廣告，帶來外界對他更多批評。於是在一九九七年開始，前園真聖再也沒有入選國家隊，也失去了跟日本隊征戰世界盃決賽圈的機會。

到了一九九八年年中，川崎綠茵對前園真聖的忍耐已經到了極限，所以決定將他掃地出門。不過川崎綠茵又不想弄得不體面，所以在一九九八年下半年把他外借到巴西甲級聯賽球隊桑托斯（Santos）。意外地在低迷時期展開外流生涯，可是這次外流的效果也不理想，半個賽季在巴甲聯賽只踢了五場比賽，進了一球，然後在一九九九年一月又被川崎借到另一支巴甲球隊戈伊亞斯（Goiás），在省聯賽踢了八場也只進一球，表現差得令戈伊亞斯決定提前結束借用合約。前園真聖往後到了葡萄牙的維多利亞隊（Vitória）和希臘的帕奧克（PAOK）隊試訓，雖然維多利亞隊有意收留他，可是被川崎綠茵提出的轉會費金額嚇跑了，他也因此失去旅歐的機會。

旅歐失敗的前園真聖無奈之餘只能回到日本，川崎綠茵把他外借到降落J2

聯賽的湘南比馬。他在J2聯賽還算爭氣，在三十八場比賽進了十一球，可惜沒能協助湘南重返J1聯賽。於是前園真聖又回到綠茵隊，這時球隊已經搬到東京，不過他在球隊的地位還是沒有任何改變，在二〇〇一年賽季只踢了十三場比賽，進了一球。到了二〇〇二年賽季，他不單是完全沒有上場機會，還被總教練公開批評，指陳因為訓練態度不佳，所以不會再起用他。賽季完結後，前園真聖終於結束了跟綠茵隊的孽緣。

在日本足壇已經再混不下去的前園真聖，在二〇〇三年透過經理人的穿針引線，毅然到當時幾乎不會有日本球員去的韓國聯賽延續其球員生涯。首先他是到亞洲冠軍球隊城南一和天馬試訓，可是因為狀態太差而沒有獲得合約。隨後獲得現在改稱為FC首爾的LG安養隊提供合約，在加盟後的十場比賽都獲得正選機會，不過後來也因為表現不佳而慢慢失去機會，踢完一年後便被放棄。

前園真聖在二〇〇四年獲得另一支韓國球隊仁川聯起用，可是踢了四場比賽又因為受傷而缺席很久，賽季結束後也不獲留用。連在韓國也無法立足的前園真聖，在二〇〇五年決定到塞爾維亞及蒙德內格羅聯賽球隊ＯＦＫ貝爾格萊德（Omladinski fudbalski klub Beograd）試訓，不過試訓了一個月後還是得不到合約，結果在二〇〇五年五月宣布結束球員生涯，這時他只有三十一歲，卻早已經被球迷淡忘久矣。

但奇怪的是，不再當球員後的前園真聖，生活反而更開心、更精彩。雖然球員生涯為他帶來不少痛苦回憶，他卻沒有在退役後遠離足球，反而透過成為球評和成立足球隊，在其他方面找到足球帶來的樂趣。

二〇〇九年，前園真聖還獲得了日本足協選進沙灘足球代表隊參與世界盃，總算跟三浦知良一樣在沙足圓了世界盃夢。而且在二〇一六年，他甚至被B League（日本職業籃球聯賽）委任為特別宣傳部長，可見他在日本體育界的人氣。不過前園真聖在二〇一三年曾經因為酒駕被捕，並因此公開謝罪，也因此失去日本足協大使的身分，成為他近年的一大污點。

# 4

# 無可取代的浦和進球機器

# 福田正博

浦和紅鑽雖然只拿過兩次Ｊ聯賽錦標，卻是日本國內號稱球迷最多的球會，歷史上也有很多名將曾經為之效力，當中以「紅鑽先生」福田正博（Fukuda Masahiro, 1966-）的名望是最不能被取代的。

身為昭和時代長大的孩子，福田正博少年時代跟一般日本男生一樣最先是玩棒球，不過後來轉為踢足球，而且從小學時代開始便是享負盛名的射手。由於表兄是讀賣足球隊（現在的東京綠茵前身）的成員，所以福田正博早在十一歲的時候便獲邀加入青年軍，不過他因不想離開家鄉而拒絕了。

到了一九八九年，已經是大學聯賽著名射手的福田正博決定放棄在大企業當終身雇員的機會，打算以全職足球員為業，結果接受三菱重工業足球部邀請，成為球隊的當家前鋒。雖然只是新秀，在第一個賽季卻已經為球隊射進三十六球，協助球隊重返ＪＦＬ甲級聯賽，而且在翌年便獲得國家隊徵召。

一九九一年，福田正博為日本隊射進致勝球，成為國家隊以二比一擊敗倫敦托特勒姆熱刺（Tottenham Hotspur）奪得麒麟盃的功臣。三菱重工業足球部在一九九二年獲得Ｊ聯賽參賽資格，並更名為浦和紅鑽，福田正博在這一年射進六球，協助浦和打進天皇盃四強。

隨著Ｊ聯賽在一九九三年正式開打，福田正博也終於正式成為職業聯賽球員。可是浦和在首個賽季發揮不佳，在十支球隊之中排在最後一名，福田正博也只有四個進球。雖然仍然是國家隊一員，不過因為當時國家隊重用三浦知良和中山雅史等同輩球員，只能移後成為中場，甚至是替補前鋒，在一九九三年知名的「多哈慘劇」一役，他也只能替補上場，日本也失落一九九四年世界盃決賽圈資格。

浦和在一九九四年的成績仍然不佳，福田正博也只有六個進球。不過到了一九九五年，浦和獲得前德國國腳布赫瓦爾德（Guido Buchwald, 1961-）和本恩（Uwe Bein,1960-）加盟後實力大增，福田正博也火力全開，整個賽季射進三十六球，協助浦和獲得聯賽季軍，他也成為金靴獎得主，以及當選聯賽最佳十一人。他的表現出色也贏得國家隊重召，隨軍出戰當年六月在英國舉行的國際四角賽（Umbro Cup），不過此後因為城彰二（Jo Shoji, 1975-）等新秀冒起而再沒有入選國家隊。

可惜福田正博在一九九六年再度面臨低潮，因為受傷而在整個賽季只踢了四場聯賽，不過也進了三球。一九九七年，他克服了傷疾，在二十九場聯賽中進了二十一球。到了一九九九年，福田正博於聯賽射進十三球，可是仍然無助於浦和保住J1聯賽席位，浦和成為史上首支降級的初創球隊。福田正博並沒有因為浦和降級而離開，但浦和此後也開始重用外援前鋒，令不那麼年輕的福田正博開始失去主力位置。在二〇〇一年決定退役的最後一個賽季，他甚至在後半段改任防守中場，不過仍然保持著敬業精神。福田正博最終在整個球員生涯只踢過浦和紅鑽一支球隊，也因此獲得球迷的尊重，關於他的退役產品銷售超過一億日元，可見他在浦和球迷心目中的地位。

退役後的福田正博在評球界很吃得開，二十年來一直活躍於各大電視台的足球節目，是業界享負盛名的主持。另一方面，他也曾經在二〇〇八至二〇〇九年間回到浦和擔任教練團成員，協助浦和保持日本豪門強隊的地位。

# 5

# 日本初代出擊右後衛

名良橋 晃

日本職業足球聯賽在一九九〇年代成立，加上日本隊在國際賽逐漸打出成績，於是吸引了不少亞洲球迷成為粉絲。在一九九八年世界盃決賽圈，為日本隊鎮守右邊防線，以及在右邊開拓進攻泉源的，就是師承巴西冠軍成員約爾金霍（Jorginho，原名Jorge de Amorim Campos Oliveira, 1964-）的鐵衛名良橋晃（Narahashi Akira, 1971-）！

名良橋晃擁有相當厲害的爆發力，所以不僅能夠在防守上緊迫對手，而且經常盤球向前，為隊友製造致命的傳中球。所以當他在高中畢業之後，加入了藤和不動產足球隊，就獲得日本足球教父克拉默（Dettmar Cramer, 1925-）賞識，成為日本青年軍代表，在一九九二年巴塞隆納奧運會的資格賽上，他甚至兼任左後衛。然後在一九九三年的日本足球聯賽賽季，名良橋晃以後衛身分成為聯賽的助攻王，協助藤和不動產隊奪得冠軍，從而在翌年升格為J聯賽球隊，就是平塚比馬隊。

於是在一九九四年開始，名良橋晃就在J聯賽角逐，而且以主力身分協助平塚隊獲得第二階段聯賽亞軍。於是他在同年九月首次獲選日本國家隊，在打和澳洲的友誼賽第一次上場。可是名良橋晃一直屈居在廣島三箭的柳本啟成（Yanagimoto Hiroshige, 1972-）之下，後來更不受當時日本隊總教練加茂周（Shu Kamo, 1939-）待見，一九九六年完全沒有代表國家隊。

所以，為了爭取成為國腳，名良橋晃在一九九七年決定離開弱勢的平塚隊，轉投豪門球隊鹿島鹿角。當時鹿島鹿角擁有協助巴西奪得一九九四年世界盃冠軍的傳奇右後衛約爾金霍，不過由於約爾金霍在日本的時候是改踢進攻中場，所以名良橋晃不僅可以保住右後衛主力位置，還可以在約爾金霍身上學到不少東西，尤其是盤球出擊的技巧。

隨著名良橋晃在鹿島打出成績，加上柳本啟成因傷淡出國家隊，及日本隊在世界盃資格賽成績下滑令加茂周烏紗帽不保，他在一九九七年成為國家隊首席右後衛，不僅協助日本隊首次打進世界盃決賽圈，而且三場決賽圈賽事都是正選右翼衛，除了對克羅埃西亞一戰末段被換下場，其餘兩場對阿根廷和牙買加的比賽都能踢滿，可見他深受當時的監督岡田武史（Takeshi Okada, 1956-）所器重。

可是當一九九八年世界盃結束之後，日本監督換了法國籍的特魯西埃（Philippe Troussier, 1955-）之後，這名外號「白巫醫」的教練傾向起用望月重良（Mochizuki Shigeyoshi, 1973-）、伊東輝悅（Teruyoshi Ito, 1974-）、明神智和（Tomokazu Myojin, 1978-）等後輩，於是就算名良橋晃在鹿島踢得再好，在一九九八年世界盃之後就沒能入選國家隊，故此無緣參與二〇〇二年世界盃決賽圈。直到二〇〇二年世界盃之後，日本隊監督換了鹿島傳奇齊哥（Zico，原名Arthur Antunes Coimbra, 1953-）擔任，名良橋晃才終於獲得重召，可是畢竟名良橋晃當時已經三十多歲，所以踢了幾場比賽之後就被投閒置散，就算入選了二〇〇三年洲際國家盃大軍名單，他也沒有上陣機會。所以在二〇〇三年洲際國家盃結束之後，名良橋晃再沒有代表日本隊上場，九年國腳生涯踢了三十八場比賽，沒有進球。

然後到了二〇〇四年，名良橋晃在鹿島也開始失去位置，做了三年替補之後，鹿島在二〇〇六年賽季結束之後就沒有跟他續約。於是他在二〇〇七年選擇回到起點，重投已經改名為湘南比馬的懷抱。可是他也只是踢了一場比賽，就在同年七月提早離隊。雖然他希望能夠繼續踢球，不過等了半年都沒有球隊讓他加入，所以在二〇〇八年決定退役。

退役之後，名良橋晃成為日本足協的大使，後來也成為ＳＣ相模原的青年軍總教練，不過執教日子很短。從二〇〇九年開始，他將焦點放在足球節目或專欄的球評工作上。隨著日子過去，他的長子名良橋拓真（Narahashi Takuma, 1997-）也走上職業球員道路。可是司職門將的兒子拓真踢球天賦還是不及老爸，雖然出身自青訓名門川崎前鋒的青年軍，可是在大學畢業之後沒有職業球隊向他招手，一年之後才獲得J3聯賽球隊藤枝ＭＹＦＣ的聘約，整個賽季只踢了三場聯賽，然後在二〇二二年更是沒有上場機會。二〇二三年賽季結束之後，拓真沒有獲得留用，參加了Ｊ聯賽賽會舉辦的試訓營之後也沒有吸引Ｊ聯賽球隊要他。還好等了幾個月，拓真終於加盟了前國腳高原直泰（Takahara Naohiro, 1979-）創立的ＪＦＬ球隊沖繩ＳＶ，才可以延續球員之路。

041 ❺ 日本初代出擊右後衛：**名良橋晃**

# 6

# 踢而優則教的東洋左後衛

相馬直樹

日本足球界對巴西的森巴足球一向趨之若鶩，所以強調兩邊後衛都必須具備可跟前鋒媲美的出擊能力。身為日本職業足球史上第一代左後衛，相馬直樹（Soma Naoki, 1971-）可說是最具代表性的人物。

相馬直樹不僅腳法很好，頭腦也相當聰明，他在日本知名學府早稻田大學就讀運動科學，畢業後就加入名門球隊鹿島鹿角，成為鹿島建立王朝的重要基石。相馬直樹在一九九四年六月對磐田山葉一戰，為齊哥（Zico）送上助攻，讓這名一代巴西傳奇球星射進職業生涯最後一球。

相馬直樹的冒起速度很快，才只是第二年參與職業賽，他就成為鹿島的必然正選，於是獲得國家隊徵召。雖然在一九九五年的法赫國王盃（洲際國家盃前身）入選日本隊名單卻沒有上場機會，不過隨後便成為日本隊的首席左翼衛，在一九九六年五月對墨西哥的比賽取得第一個國際賽進球。然後在同一年為鹿島拿到第一次Ｊ聯賽冠軍，再於年末的亞洲盃決賽圈為日本隊踢滿四場比賽，還在對中國的分組賽末段後上射門進球，成為日本隊以一比零擊敗中國的功臣。

到了一九九八年世界盃決賽圈，相馬直樹是日本隊主力左翼衛，三場分組賽都是正選，而且只在對阿根廷一戰末段被換下，其餘兩場對克羅埃西亞和牙買加的比賽都踢滿。一九九八年世界盃之後，日本隊由特魯西埃（Philippe Troussier）接任監督，相馬直樹繼續是日本隊的成員。而且也有入選一九九九年征戰美洲盃的大名單。可是特魯西埃傾向使用較年輕的服部年宏（Hattori Toshihiro, 1973-）擔任左後衛，於是他只在對巴拉圭一戰上場，日本隊卻在這場比賽以零比四慘敗。日本在美洲盃分組賽便出局，成績和表現都不理想，令特魯西埃決定大換血，大部分參與一九九八年世界盃決賽圈的舊將從此被棄用。相馬直樹也是其中之一，於是他的國腳生涯只有短短五年，踢了五十八場國際賽，射進四球。

離開了國家隊的相馬直樹，繼續為鹿島爭取更多榮譽，在二〇〇〇年協助鹿島奪得第二次Ｊ聯賽和天皇盃雙料冠軍。可是他在天皇盃決賽遭受膝部半月板重創，令他在二〇〇一年賽季只踢了七場聯賽。為了回復狀態，他在二〇〇二年外借到東京綠茵，一年之後回歸鹿島。無奈歲月催人老，已過而立之年的相馬直樹回到鹿島已經不再是主力了。於是在二〇〇四年，相馬直樹正式離開鹿島，轉投當時在J2聯賽的川崎前鋒，協助球隊升上J1聯賽，並於二〇〇五年的J1聯賽賽季結束之後退役。

退役之後的相馬直樹先是成為足球電視節目球評，並成為日本足協大使和川崎前鋒的推廣部職員。後來他獲得日本足協的S級教練執照，於是改走教練的道路。他在二〇一〇年成為當時還在JFL聯賽的町田澤維亞隊監督，是第一個擁有世界盃決賽圈參賽經驗的日本人擔任職業球隊監督。他率領町田拿到JFL聯賽季軍，可是沒能升上J2聯賽。縱然球隊挽留，他仍決定離開。然後相馬直樹在二〇一一年重返川崎擔任監督，雖只拿到第十一名，也繼續在二〇一二年執教，而且在以兩連勝開始賽季。可是川崎在之後五場聯賽都輸球，創造出川崎征戰J1聯賽史上最差的五連敗，結果相馬直樹黯然下台。

離開川崎之後，相馬直樹去了山形山神隊擔任教練，再學習一下執教技巧。一年之後他回到町田隊再出發，努力了兩年之後，他率領球隊升上J2聯賽，繼而在二〇一八年賽季率領町田拿到史上最佳成績的第四名，可惜沒能在升級資格賽勝出。執教了町田六年之後，相馬直樹在二〇一九年賽季結束後離任。然後他回到鹿島擔任教練團成員，在熟悉的環境再學習一下，直到二〇二一年四月，在原監督被辭退之後，相馬直樹接任鹿島教練職務，率領球隊拿到第四名，距離拿到亞冠參賽資格只差一步。由於鹿島決定在二〇二二年改行歐陸化路線，相馬直樹不獲留用之下只能離開。還好休息了五個月之後，他又獲得J2球隊大宮松鼠邀請擔任監督。不過他在大宮的道路不好走，在第一個賽季只能在有限資源之下勉強保級成功，然後在二〇二三年開局又輸球。所以相馬直樹擔任監督的道路，看起來比踢球的時候難走很多。

# 7

# 活躍於多重跑道的鐵衛

# 秋田

豐

他是第一個在世界盃跟頂級中鋒交手的日本人，也在不同的位置上奮鬥和發亮。光看他的粗獷外表，或許很難想像他曾經有這些成就。這人就是曾經兩次出戰世界盃決賽圈，為鹿島鹿角拿到四次聯賽冠軍，從棒球轉戰足球，再從球員晉身成球會會長的秋田豐（Akita Yutaka, 1970-）。

秋田豐小時候還沒有職業足球聯賽，所以選擇玩在日本最受歡迎的棒球也是自然的事。他在中學時代才開始接觸足球，過著夏天玩棒球、冬天踢足球的生活。由於身材比較高大，所以踢過前鋒也會踢中衛。在J聯賽開幕的一九九三年，剛在愛知學院大學畢業的秋田豐加入鹿島鹿角。原本在名宿齊哥（Zico）的推薦下，秋田豐被安排改踢右後衛位置，不過後來還是回到最熟悉的中衛位置，成為鹿島的經典中衛，而且協助鹿島拿到一九九六年、一九九八年、二〇〇〇年和二〇〇一年四屆J聯賽冠軍，他也當選了四次年度最佳陣容。

由於在強隊鹿島表現出色，而且年齡正值球員的高峰期，所以秋田豐在一九九五年開始入選國家隊，並以優異的緊盯對手和高空防守能力，很快就壓倒小村德男（Omura Norio, 1969-）等前輩獲得主力位置。而且在一九九八年世界盃決賽圈，秋田豐更被委以重任，負責專門緊盯阿根廷皇牌中鋒巴提斯圖達（Gabriel Batistuta, 1969-），以及當屆取得金靴獎的克羅埃西亞射手蘇克（Davor Suker, 1968-）。一年之後，秋田豐隨日本隊出戰美洲盃，在三場分組賽都是主力中衛。可惜隨著美洲盃成績不佳，令杜斯亞教練（Philippe Troussier）銳意換血，秋田豐便失去位置，往後大約三年時間都沒有再披上國家隊戰衣。但奇怪的是，在一九九九年美洲盃後再沒有在國際賽上場的秋田豐，竟然獲徵召成為日本隊出戰二〇〇二年世界盃決賽圈的一員。特魯西埃表明秋田豐是以老隊員身分參加，不會有什麼上陣機會。結果他在二〇〇二年世界盃完全沒有上場，日本隊在世界盃之後由秋田豐的恩師齊哥接任總教練，於是他繼續入選國家隊，也隨軍參與二〇〇三年洲際國家盃，不過他已經沒能在宮本恒靖（Tsuneyasu Miyamoto, 1977-）和坪井慶介（Tsuboi Keisuke, 1979-）等後進手上奪回上陣機會，所以在洲際國家盃之後，秋田豐的日本隊生涯也結束，八年國腳生涯踢了四十四場比賽，進了四球。

二〇〇三年賽季結束後，秋田豐也被鹿島會方告知不在未來計畫內，於是他轉投家鄉球隊名古屋鯨魚，加盟後的第一個賽季還是主力。不過在第二個賽季開始，隨著年齡漸長，秋田豐也開始退位讓賢，在名古屋踢了三年之後離開。在三十六歲時，秋田豐落戶京都不死鳥，雖然已經是替補球員，還是在升降級附加賽兩回合都上場，為京都重返J1聯賽做出貢獻。秋田豐沒有跟隨京都重返J1聯賽，本來那時候去了JFL業餘聯賽球隊FC琉球執教的特魯西埃邀請他加入，不過秋田豐決定就此退役。

退役後的秋田豐換了很多次跑道，首先他回到京都擔任成年隊教練團成員，兩年後由於球隊成績沒有起色辭退了原有的總教練，於是秋田豐獲會方提升為總教練。可惜他在京都的領軍成績很差，二十場比賽只贏兩次，令京都從J1聯賽降級。雖然球隊願意挽留，可是他決定提早解約離開。然後他去了東京綠茵擔任教練團成員，一年之後轉任當時還在JFL聯賽的町田澤維亞總教練，這次他的領軍成績不錯，上半賽季十七場比賽贏了九場，令球隊排在聯賽榜第三位。可是在天皇盃縣資格賽落敗，令球隊沒能參與正賽，幹了不足半年就被辭退。

此後秋田豐遠離教練圈，他先在二〇一五年加入本田圭佑（Honda Keisuke, 1986-）的柬埔寨索爾蒂洛球隊（Soltilo FC）擔任青年軍大使，然後擔任運動訓練器材售賣公司的社長，甚至出任高校和日本電競隊的特別顧問，並因此出席二〇一八年亞運會，還有和名古屋鯨魚前隊友岡山哲也（OkayamaTetsuya, 1973-）一起成立電競隊，指導年輕人以出戰亞運會為目標。

不過一個機緣巧合之下，秋田豐在二〇二〇年重返職業足球界，就是擔任J3球隊岩手盛岡仙鶴的總教練。第一個賽季他的領軍成績也是差強人意、不過不失，岩手在聯賽榜獲得第十一名。然後秋田豐和他的岩手弟子獲得收成期，在二〇二一年奪得J3聯賽亞軍，得以首次升上J2聯賽。可惜岩手隊在J2聯賽實在太弱，所以秋田豐沒能率領球隊保級，還沒踢完賽季就離開總教練職務。還好秋田豐是因為升職而離任，二〇二二年十月開始，他成為擁有球隊的岩手體育會社長兼擁有者，簡單來說就是球隊老闆。從門外漢成為球隊老闆，秋田豐締造了日本足球界的傳奇故事。

# 8

# 日本初代目瘋狂左後衛

# 都並敏史

他是日本足球一個時代的象徵人物，也是J聯賽奠基者之一，可惜生不逢時，沒能等到可以參加世界盃的那一天就退役了。他就是日本足壇稱為「瘋狂左後衛」的都並敏史（Tsunami Satoshi, 1961-）。

他之被稱為「瘋狂」，除了因為都並敏史在場上擁有精力無窮的奔跑能力，遂得以成為所屬球隊左路的攻守重要棋子。都並敏史的家人也相當瘋狂，他的哥哥都並清史（Tsunami Kiyoshi, 1959-）年輕時是樂隊小號手，而且是音樂評論家，後來在東京機械製作所任職，數年前更晉升為社長。都並敏史則在小時候已經走上踢球之路，小學六年級時加入讀賣足球隊的少年軍，高中畢業之後升上成年隊，參與日本足球聯賽。

都並敏史本來是踢防線自由人出身，轉踢左後衛是加入讀賣成年隊之後的事。由於那時候的日本足球觀念是後衛只需要做好防守就行，所以能攻擅守的都並敏史，就在左邊位置創造一片天，也因此在一九八〇年，就是第一次為讀賣成年隊踢球的那一年開始入選日本國家隊，為日本隊參與

一九八二、一九八六、一九九〇和一九九四年四屆世界盃資格賽。直到一九九二年亞洲盃，都並敏史以主力身分為日本隊贏得第一次冠軍，是他在國家隊少有的成就。

到了一九九三年，J聯賽在萬眾期待之下開幕！讀賣足球隊改稱川崎綠茵，都並敏史成為歷史的見證者，跟傳奇球星三浦知良和瑠偉組成強大的左路進攻線。可惜聯賽職業化對他來說有點為時已晚，J聯賽成立當年，他已經三十二歲。在J聯賽史上第一場比賽，都並敏史成為聯賽史上首個領黃牌的球員，川崎綠茵也在第一場比賽輸球。然後在第三場聯賽對廣島三箭一役，他在一次攔截中弄傷左腳指，後來確認為骨折，令他開始了長期養傷的無奈際遇。

那為什麼都並敏史被稱為「瘋狂的左後衛」呢？最主要的原因是在一九九三年十月的世界盃資格賽，那時候日本隊距離決賽圈非常接近。可是都並敏史的狀態根本無法比賽，為了完成進決賽圈的夢想，他竟然不顧傷勢，強打止痛針繼續進行練習！他後來回想起來也承認，當時根本沒想那麼多，只想為國家隊上場。

可惜他的狀態始終不行，結果日本隊在最後一場比賽打和伊拉克無緣晉級，他在這場被稱為「杜哈悲劇」的經典一戰同樣沒有上場。

這次傷疾幾乎奪去了都並敏史的球員生命。縱然他後來傷癒，在川崎綠茵也只得淪為替補，於是在一九九六年轉投福岡黃蜂，然後在平塚比馬隊踢到一九九八年賽季結束便退役了。

都並敏史在退役後擔任足球節目的球評，後來也擔任東京綠茵隊的青年軍教練。在二〇〇四年獲得最高規格的S級教練資格之後，他擔任過仙台維加塔、大阪櫻花和橫濱ＦＣ的總教練，可是執教成績都不佳。於是在二〇〇八年之後，就再沒有執教職業球隊。他也有兩個兒子投身足球行業，不過他們的成就跟老爸相差很遠。長子都並智也（Tsunami Tomoya, 1989-）只能在業餘聯賽踢球，次子都並優太（Tsunami Yuta, 1992-）好一點，但也只能在J3聯賽球隊長野帕塞羅混了五個賽季，然後轉戰奈良隊，去年協助球隊獲得ＪＦＬ聯賽冠軍，今年再次踏足J3聯賽。都並敏史則在二〇一九年再次成為總教練，這次是關東甲級聯賽球隊浦安槍船，而且球隊成績不錯，在今年升級到ＪＦＬ聯賽，也算是在花甲之年時終於苦盡甘來。

# 9

# 令香港和中國折服的東洋流星前鋒

# 黑崎久志

對於擁有接近三十年看球經歷的香港球迷來說，有一名日本前鋒縱然沒踢過世界盃，卻在多年後的今天仍然令人印象深刻。而對於中國球迷來說，他卻是執教能力備受推崇的教練，他就是黑崎久志（Kurosaki Hisashi, 1968-）。

也許香港球迷會問：「黑崎久志是誰？」如果再提一下他曾經用過的名字「黑崎比差支」，相信不少老球迷就會失聲驚呼道：「啊！原來是他！」其實「黑崎久志」才是他的本名，「黑崎比差支」是他在進入J聯賽之後才改用的名字。到底為什麼他會改名為「比差支」呢？很可惜，實在是無從稽考。其中一個可能原因是，日本始終是華文文化圈的地區，所以或許是跟改名字轉運有關吧。至於為什麼是「比差支」呢？其中一個原因肯定是日語「比差支」和「久志」的平假名都是「ひさし」（Hisashi）吧。

當黑崎久志還沒成為比差支之前，在高校足球界已經是明星級前鋒。由於擁有一百八十一公分身高，所以他的高空進攻能力相當出眾，也曾經令他成為高校大賽的金靴獎得主。高校畢業之後，他就加入日本足球聯賽球隊本田技研足球部，同期加入的有後來也成為國腳的北澤豪。黑崎久志在一九八八年成為日本國腳，出戰當年的亞洲盃決賽圈，在四場分組賽都有上場。

日本在一九九二年舉行J聯賽盃，作為職業聯賽J聯賽成立前的預演。由於黑崎久志效力的本田技研沒加入成為J聯賽球隊，令黑崎久志與同年的長谷川祥之（Hasegawa Yoshiyuki, 1969-）一起加入鹿島鹿角，這時他也改名為黑崎比差支。黑崎比差支和長谷川祥之組成雙塔中鋒搭檔，在巴西名宿齊哥（Zico）和阿利辛度（Alcindo Sartori, 1967-）等強援的協助之下，黑崎比差支在鋒線如魚得水，在一九九三至一九九五年三個賽季都取得雙位數進球。只是當時國家隊擁有不少優秀前鋒，除了國寶級的三浦知良，還有擅於把握進球機會的福田正博、三浦知良的最佳搭檔武田修宏、「小丸子」的「老同學」長谷川健太，以及「亞洲大砲」高木琢也（Takagi Takuya, 1967-），當然還有他的老朋友長谷川祥之，所以黑崎比差支在國家隊的機會並不算太多。

縱然如此，黑崎比差支也把握機會，在海外球迷心目中留下深刻印象。在一九九三年的香港賀歲盃四角賽，黑崎比差支第一次隨日本隊到香港，在對瑞士一戰取得進球。兩年後的皇朝盃四角賽，即是現在的東亞盃前身，在第一場比賽梅開二度，助日本大勝主隊香港，然後他的進球協助日本隊打和韓國和擊敗中國。最終日本隊奪得冠軍，黑崎比差支成為賽事進球最多的球員，也入選最佳十一人陣容，為香港球迷留下深刻印象。

可惜當三浦知良回歸日本隊，加上中山雅史和城彰二的冒起，以及後來歸化了巴西人呂比須（Wagner Augusto Lopes, 1969-），令黑崎比差支在日本隊的機會愈來愈少，在一九九七年二月對瑞典的友誼賽之後就再沒有入選國家隊。隨後他在鹿島隊也遇上同樣的命運，在柳澤敦（Yanagisawa Atsushi, 1977-）等後輩上來之後，他就只能轉到其他球隊爭取機會。後來他轉投京都不死鳥、神戶勝利船，再隨新潟天鵝和大宮松鼠征戰J2聯賽，在二〇〇三年賽季結束後退役，他也在二〇〇〇年加盟新潟的時候，將名字改回「久志」。

黑崎久志退役之後就走上教練的道路，他先回到鹿島擔任青年軍教練，同時兼任日本U15隊的教練。後來他到了球員時代效力的新潟天鵝擔任教練團成員，並於二〇一〇年升任為總教練，連續兩個賽季率領球隊保級成功。可惜到了領軍的第三個賽季，球隊成績不振，結果他被辭退。黑崎久志此後再沒有擔任總教練，他選擇回到熟悉的教練團成員位置。在二〇一七年，黑崎久志在日本足協引薦之下，去了德乙球隊杜塞爾多夫學習，一年之後再次回到鹿島擔任教練，為球隊首次拿到亞冠冠軍做出貢獻。

二〇二一年，黑崎久志去了中國，成為山東魯能的總教練，為球隊拿到中超和足協盃雙料冠軍做出相當重要的貢獻，也令中國球迷對他的執教能力心悅誠服。可惜隨著中國足壇的天翻地覆，黑崎久志在今年不獲留任而回到日本，相信以他的履歷，在不久的將來可見到他在球場上發揮他的能力。

# 10

# 日職首個也是最後的10號王牌

# 澤登正朗

一生只效力清水心跳的澤登正朗（Sawanobori Masaaki, 1970-），是日本職業足球史上第一個，也是唯一的真正10號王牌！

擁有極強的盤扭、傳送、處理罰球和組織進攻的能力，澤登正朗就是南美洲球隊的傳統10號球員的典範。因此他在高校時代就已經是明星級球員，也是日本國家隊各級青年軍的10號球衣擁有者。於是在一九九二年J聯賽成立的時候，剛好大學畢業的澤登正朗就成為每一支球隊都希望獲得的新人。結果以家鄉靜岡縣為基地的新球隊清水心跳成為贏家，而且是這支球隊第一個簽下的新秀球員。

雖然澤登正朗出道的時候只有二十一歲，不過一開始就已經成為清水主力球員，只是因為當時還沒有固定號碼，所以澤登正朗在一九九二年參加J聯賽盃的時候，是按位置拿到6號球衣。到了一九九三年聯賽正式開打，他終於獲得10號球衣。而且在J聯賽開始前就獲選進國家隊，在香港舉行的賀歲盃首次成為國腳，然後代表日本出戰一九九四年世界盃資格賽，在打平阿聯的比賽取得第一個國際賽進球。不過由於日本隊當時的10號球衣和位置的主人是傳奇球星瑠偉，所以他只能獲得替補上陣機會。而在關鍵的決勝輪資格賽，甚至沒機會上場，在日本足球史上其中一個最慘痛的時刻「杜哈悲劇」，他也只能成為陣中最年輕的看客。

沒能晉級一九九四年世界盃之後，老將瑠偉退出日本隊，日本也由前巴西國腳法爾考（Paulo Roberto Falcao, 1953-）接任成為總教練，於是澤登正朗在法爾考麾下成為10號球衣的主人。可惜日本在以地主國身分出戰同年的亞運會足球項目，卻在八強賽行人止步，令法爾考丟了教職。接任的加茂周卻對澤登正朗完全不感興趣，令他一直跟國家隊無緣。

還好澤登正朗在J聯賽保持很高的競技水平，縱然效力的清水心跳在聯賽成不了氣候，只能在盃賽偶爾獲得佳績，他的個人表現還是無可挑剔。雖然不是前鋒，卻在一九九五年賽季起連續五個賽季獲得雙位數進球，助攻更是不在話下。於是在一九九七年終於獲得加茂周徵召，可惜日本隊在一九九八年世界盃資格賽最終輪成績不佳，加茂周被撤下，換上著重效率的岡田武史接任。由於後輩中田英壽已經占據了中場核心位置，加上澤登正朗的移動範圍較狹窄，令他在岡田武史執教期間再次失去國家隊位置。本來岡田武史也想給他機會，可惜在一九九八年初，他卻患上突發性失聰而無法比賽，最終無緣參與一九九八年世界盃決賽圈。

於是澤登正朗唯有再次專注於為清水爭取佳績上，在一九九九年J1聯賽次循環比賽，他率領球隊首次拿到單循環冠軍，也因此再次獲選進日本國家隊。一九九九至二〇〇〇年可說是他職業球員生涯的高峰，在J1聯賽總決賽兩回合都進球，助清水在總比分打和磐田山葉，而且在互射十二碼階段進球，可惜兩名隊友射失，令清水在球會史上最接近J1聯賽冠軍的時刻失諸交臂。還好清水心跳在一九九九／二〇〇〇年賽季的亞洲盃賽冠軍盃愈戰愈勇，澤登正朗在八強賽射進兩球，協助清水以總比分五比二，擊敗韓國的安養ＬＧ（就是現在的ＦＣ首爾），再於四強擊敗泰國的曼谷銀行，然後在決賽擊敗伊拉克球隊薩烏拉（Al-Zawraa），奪得球會史上第一個亞洲賽錦標。

在清水保持穩定的表現，令澤登正朗在日本隊於一九九九年美洲盃慘敗後需要換血之際，終於獲得新監督特魯西埃（Philippe Troussier）徵召，而且在二〇〇〇年初的亞洲盃資格賽取得第三個國際賽進球。可是隨著中村俊輔（Nakamura Shunsuke, 1978-）的崛起，還有中田英壽和小野伸二（Ono Shinji, 1979-）本來就是國家隊的核心成員，令已經踏進三十歲大關的他無法再爭奪國家隊席位，結果他只為日本隊踢了十六場比賽，進了三球。

對於澤登正朗來說，一直留在清水絕對是因為愛。在他的高峰時期，一直不乏來自其他J聯賽球隊的加盟邀請，反而是清水心跳這支球隊一直在J聯賽都是成績較差，不僅沒太多爭奪冠軍的機會，甚至一度陷入破產解散的危機，澤登正朗這樣的大牌球星必須大幅減薪才可保住球隊。可即使這樣，他也選擇留下來。到了球員生涯晚期，J聯賽開始有升降級制度，清水心跳幾乎每年都要為保級而努力。澤登正朗縱然進球能力不復當年，也盡力保住球隊。二〇〇五年賽季，澤登正朗在第三十二輪聯賽的末段攻門，令隊友馬基尼奧斯（Marquinhos，原名Marcos Antônio Malachias Junior, 1982-）得以射進致勝球擊敗神戶勝利船，清水宣告保級成功，澤登正朗的職業生涯也得以畫上完美句點。

澤登正朗整個職業球員生涯都只效力清水心跳，在J1聯賽上場三百八十一次，射進八十五球，各項賽事合共則是一百零七球，三項數據都是清水心跳的紀錄。與此同時，他在三百八十場比賽穿上10號球衣出戰J聯賽，也成為J聯賽史上最多次穿上10號球衣上場的球員。他就是清水心跳的名牌，因此也獲稱為「清水先生」。退役後的他一直擔任多個地方的球隊大使。雖然在二〇〇九年已經獲得日本足協認證S級教練（JFA Kounin S-kyu Coach）資格，卻在去年才擔任清水心跳青年軍的總教練。相信有朝一日，清水隊的總教練職位肯定是他的囊中物。

075　❿ 日職首個也是最後的10號王牌：**澤登正朗**

# 11

# 被傷疾打垮的日本歐旅先鋒

# 小倉隆史

三浦知良在一九九四年登陸義甲，是日本足球歷史的大事件。在三浦知良之前也有一名前鋒更早前往歐洲聯賽，甚至有機會比三浦知良獲得更高成就。可是際遇和傷疾令他的夢想破滅，爾後更成為母會的千古罪人，這個悲劇前鋒就是小倉隆史（OguraTakafumi, 1973-）。

小倉隆史成為職業球員之前，已經是日本足壇的閃耀之星，甚至被形容為「黃金左腳」。在高中時代，他跟後來征戰一九九八年世界盃的國腳中西永輔（Nakanishi Eisuke, 1973-），一起率領四日市中央工業高校拿到全國大賽冠軍，因此在一九九三年J聯賽成立時，他獲得多支準備參賽的球隊邀請加盟，連當時的日本國家隊總教練奧夫特（Hans Ooft, 1947-）也勸告他直接去海外發展。小倉隆史聽從奧夫特的建議，同時名古屋八鯨承諾讓他海外留學，於是小倉隆史就成為名古屋的創始球員。

小倉隆史在一九九二年的聯賽盃初試啼聲，九場比賽就進了五球，協助名古屋八鯨拿到資格賽第三名，可惜球隊在四強輸給清水心跳出局。一年之後，小倉隆史得償所願到海外「留學」，以借用形式加入當時在荷蘭乙級聯賽的精英隊。他在荷蘭的表現相當出色，在三十一場聯賽射進十四球，而且在荷蘭盃兩場比賽射進四球，其中一球是從荷蘭豪門球隊費耶諾德身上取得，因此費耶諾德等荷甲球隊都希望引進他。而且小倉隆史也入選國家隊，在一九九四年五月的友誼賽中，縱然面對擁有坎通納（Eric Cantona, 1966-）、帕潘（Jean-Pierre Papin, 1963-）、吉諾拉（David Ginola, 1967-）和德約卡夫（Youri Djorkaeff, 1968-）等名將的法國，小倉隆史也能取得他的國際賽第一個進球，可惜也是唯一進球。

只是小倉隆史的母會名古屋在一九九三和一九九四年的J聯賽戰績不佳，加上重點引援萊恩克（Gary Lineker, 1960-）沒有踢幾場球就因傷退役，於是名古屋希望他回來。與此同時，日本足總也希望U23日本隊可以打進一九九六年奧運男足項目，小倉隆史是這支球隊的首席前鋒，因此他只能放棄旅歐夢回來J聯賽。他回來日本也不是沒有得益，至少一九九五年名古屋邀請後來在兵工廠成名的名帥溫格（Arsene Wenger, 1949-）領軍，也邀來南斯拉夫名將斯托伊科維奇

（Dragan Stojkovic, 1965-）成為他的前鋒搭檔，於是小倉隆史在名古屋如魚得水，整個賽季進了十四球。

小倉隆史以國腳身分出戰奧運資格賽，可是傷疾此時開始找上門。在征戰奧運資格賽期間，他的膝部韌帶兩度受創，第二次更斷裂。結果縱使日本隊如願到亞特蘭大參與奧運，小倉隆史卻無法出席，而且養傷接近兩年，在這段期間，本來只是他替補的城彰二，卻一躍成為國家隊前鋒，出席一九九八年世界盃決賽圈。可憐的他就算在一九九八年下半段復出，也已經完全失去以往的威力，結果他在二〇〇〇年黯然離開名古屋。只是無論他往後效力古河市原、東京綠茵還是札幌岡薩多，也已經不是出道時的黃金左腳。直到二〇〇三年轉戰J2聯賽的甲府風林，在那一年踢了二十七場比賽進了十球，才勉強看到小倉隆史本來的威力。

在甲府踢了三個賽季，當甲府升級到J1聯賽後不獲留用，他也隨之決定退役。退役後他先是擔任足球節目解說，再從日本足協拿到S級教練證書之後，就在二〇一五年回到名古屋擔任總經理。可是他在名古屋的管理工作做得相當一塌糊塗，不僅是教練和球員選材眼光差劣，也跟陣中球星關係不睦，前國腳田中鬥莉王（Tanaka Marcus Tulio, 1981-）就是跟他意見不合，在二〇一六年名古屋陷入保級危機之時，還將對方束之高閣。而在這一個賽季期間，小倉隆史更自己兼任總教練。名古屋在他領軍十七場比賽之中只贏了一次，創出球會史上最差的十八場不勝紀錄，於是他只能以休養名義交出總教練職位。最終名古屋在這個賽季只得第十六名，史上首次降級，於是他也只能提早解除總經理職務黯然離開。

還好小倉隆史沒閒多久，在二〇一七年三月就獲家鄉三重縣的第五級聯賽球隊伊勢志摩委任為大使，兩年後更成為球會理事長，二〇二一年開始更兼任總教練。也許是經歷過在名古屋的失敗，伊勢志摩在他領軍之下，兩個賽季都拿到三甲成績，跟升級到ＪＦＬ聯賽只差一步。小倉隆史在領導層面上還年輕，也許不久後的將來，就可以見到他回到職業聯賽重振聲威。

# 12

# 他低調卻受萬人敬仰

# 長谷川祥之

一部戲除了主角，還需要很多稱職的配角相伴，才可以成為經典的好戲。所以有些人就算沒能成為鎂光燈的焦點，也可以是萬人敬仰的傳奇。一生只效力鹿島鹿角的長谷川祥之（Hasegawa Yoshiyuki, 1969-），雖然沒有俊俏樣貌，也不是陣中名氣最大的球星，卻因為默默為球隊奉獻所有，而成為鹿島永不磨滅的傳奇。

每當談及長谷川祥之，總免不了要提及他的好搭檔黑崎比差支。在大學畢業之後，長谷川祥之加入日本足球聯賽球隊本田技研工業足球部，跟當時仍然叫黑崎久志的另一位鹿島傳奇一起踢球。當本田技研決定不參與J聯賽之後，長谷川祥之就跟黑崎一起加入鹿島鹿角。雖然他的身高只有一百七十九公分，不過他的高空頭球能力相當了得，因此成為鹿島第一代台柱中鋒的代表。從齊哥（Zico）、阿利辛度（Alcindo）到後來的萊昂納度（Leonardo Nascimento de Araujo, 1969-）和約爾金霍（Jorginho），都因為他能夠成為前場的台柱，而放心以他為目標送出長傳，再由他在前場為其他隊友組織攻勢。當然除了頭球，長谷川祥之也擅長射門，在一九九四年賽季射進二十一球，是他職業生涯進球最多的賽季。

正因長谷川祥之跟搭檔黑崎比差支的雙塔威力強大，所以他們在一九九四年世界盃之後獲得成為國腳的機會。長谷川祥之和黑崎比差支在一九九五年香港舉行的皇朝盃比賽合作無間，除了協助日本拿到冠軍，還協助黑崎成為賽事進球最多的球員。可惜日本隊前鋒人才太多，長谷川祥之只有六次上場機會，沒有進球，國腳生涯只有不足三年就結束了。

雖然在國家隊沒有太多機會，長谷川祥之仍然為鹿島盡心盡力，以進球協助鹿島拿到一九九六和一九九八年兩屆J聯賽總冠軍。在鹿島期間，他也經常要跟巴西外援前鋒和後輩爭奪上陣機會，在老朋友黑崎比差支早於一九九八年就離開鹿島之際，長谷川祥之仍然在跟馬津霍（Mazinho, 1965-）、柳澤敦和平瀨智行（Hirase Tomoyuki, 1977-）等人的競爭上獲得機會。可惜隨著歲月催人，加上傷疾不斷累積，令長谷川祥之賴以為生的彈跳能力愈發減弱，加上鈴木隆行（Suzuki Takayuki, 1976-）等後輩也接踵而來，所以從一九九九年賽季開始便退居替補。

雖然不再是主力，長谷川祥之仍然偶爾為球隊帶來意想不到的貢獻。當中最經典一戰是在二〇〇一年五月，為二〇〇二年世界盃而改建的鹿島足球場首次上演J聯賽比賽，他在八十五分鐘替補上場。當時J聯賽和局仍然需要加時決勝之際，長谷川祥之就在加時八分鐘射進黃金進球，助鹿島以三比二擊敗太陽王，在新球場首戰就以勝利作結。

長谷川祥之在二〇〇三年七月踢完對大阪櫻花的首循環最後一戰，便提早結束球員生涯。長谷川祥之合共為鹿島射進八十九個J聯賽進球，直到如今仍然是鹿島史上進球最多的球員。

退役後的長谷川祥之仍然在其他崗位上為鹿島做出貢獻，先是擔任少年隊的守門員和前鋒教練，再升任青年軍教練團成員，然後轉任青訓營的教練團成員，繼而轉任球隊的球探，直到二〇二〇年才終於離開。雖然不再於球隊擔任職位，不過只要是鹿島元老隊要比賽，他就會再穿上鹿島球衣，讓老球迷緬懷他昔日的風光。

# 13

# 來去如風的第一中鋒

# 城彰二

一般職業球員可以在足壇踢十五年，如果強壯的話要踢二十年也不是夢。可惜在Ｊ聯賽初期冒起得很快的城彰二（Jo Shoji, 1975-），卻因為傷疾而迅速滑落，在三十一歲的時候就不得不退下來。

城彰二的足球路從一盒在小學時代借來的錄影帶開始，他在這盒錄影帶看到日本名宿奧寺康彥（Okudera Yasuhiko, 1952-）在西德聯賽踢球，不過吸引他的是奧寺康彥的隊友奧爾德內維茨（Frank Ordenewitz, 1965-）。於是城彰二決定要成為跟奧爾德內維茨一樣厲害的前鋒。後來城彰二在高校時代跟前輩前園真聖、同輩的遠藤彰弘（Endo Akihiro, 1975-），就是名將遠藤保仁（Endo Yasuhito, 1980-）的哥哥，以及後輩平瀨智行一起參與全國大賽。

高中畢業後，城彰二加入Ｊ聯賽球隊古河市原，想不到他在首四場比賽都有進球，於是立即成為Ｊ聯賽備受關注的新秀，第一個賽季他已經射進十二球，第二個賽季更射進十四球，而且還和到日本踢球的偶像奧爾德內維茨成為隊友。於是城彰二獲選Ｕ23日本隊，本來他只是小倉隆史的替補，不過小倉隆史因傷退隊之後，城彰二就成為首席前鋒，率領日本獲得二十八年來首次奧運足球項目參賽資格，而且在亞特蘭大奧運會成為擊敗巴西的「邁阿密奇蹟」締造者之一。

由於城彰二在球會和奧運隊都有好表現，而他效力的古河市原只是一支弱旅，於是城彰二在一九九七年獲橫濱水手邀請加盟，並成為日本足球界舉足輕重的前鋒。而在國家隊方面，由於日本隊在世界盃資格賽成績不佳，於是新上任的總教練岡田武史決定起用城彰二，代替開始年華老去的三浦知良。城彰二也報答了教練的信任，在世界盃資格賽附加賽以進球為日本追平，打下後來加時賽擊敗伊朗，首次打進決賽圈的基礎。

於是城彰二成為日本隊征戰一九九八年世界盃決賽圈的主力前鋒，三場比賽都是正選上場。可惜面對阿根廷、克羅埃西亞和牙買加，城彰二都沒能進球，結果日本隊以三戰皆北成績完成首次決賽圈之旅，他也被前國腳瑠偉批評為笑話。還好世界盃的失意並沒有打倒城彰二，他在一九九八年賽季射進職業生涯最高的二十五球，可惜國家隊隊友中山雅史更厲害，才無法拿到金靴獎。

一九九九年可說是城彰二的職業球員生涯轉捩點，他在六月隨日本隊征戰美洲國家盃，可是踢了三場比賽都沒能進球，結果日本隊也是分組賽出局。不過他在這一賽季進了十八球，保持極高的進球率，令城彰二在二〇〇〇年一月，獲得去西甲踢球的機會，以借用形式加入西班牙巴亞多利德（Valladolid）隊，成為史上首個踢西甲的日本球員。為了達成這夢想，當時在水手賺取二億日元年薪的城彰二，也甘願接受只有三千五百萬日元年薪的條件。可惜這時候他開始受膝部傷疾困擾，踢了十五場聯賽只進了兩球，而且只在對奧維多的比賽進球。結果巴亞多利德無意買斷合約，城彰二只能回到水手。

只是城彰二再也不是當年那個進球機器了，回到日本之後，他不斷受傷疾困擾，上場時間和進球能力大減，自然也無法再為國家隊上場。在二〇〇一年賽季結束後，城彰二已被水手下達逐客令，於是他只能轉投神戶勝利船；可是在二〇〇二年賽季竟然只進一球，賽季後也被神戶送走。城彰二在二十七歲的時候就已經淪為J2聯賽球員，他在橫濱FC才稍微找到昔日光輝，到了二〇〇六年賽季還跟三浦知良組成前鋒搭檔。可是膝蓋再也不容許他踢下去了，在二〇〇六年賽季協助球隊首次升級後，城彰二只能在三十一歲的時候退役，職業生涯只有短短十三年，起得快，落得也快。

退役後的城彰二主要是擔任球評和球隊大使之類的工作，雖然在二〇〇九年已經獲得S級教練牌照，不過一直沒參與任何教練工作。也許是再也無法參與劇烈運動，所以近年他的身形發胖了很多，幾乎令老球迷無法一眼認出他。但換個角度說，相信他的生活應該是過得很幸福吧，身體才可以不斷長肉啊！

# 14

# 二十八歲才當職業球員的世界盃門將

# 小島伸幸

現在的足壇可說是一個「贏在起跑線」的世界，二十歲未滿就成名的球星比比皆是，還沒到三十歲就踏進黃昏的球員也不在少數。在一九九八年世界盃決賽圈日本大軍名單之中，卻有一人是在二十八歲時才成為職業球員，他就是「小鬍子」小島伸幸（Kojima Nobuyuki, 1966-）。

雖然小島伸幸要到二十八歲才成為職業足球員，不過他不是半途出家，而是早在小學五年級就已經立志成為守門員了。大學畢業之後，他就加入日本足球聯賽球隊藤和不動產足球部。不過在球隊六個賽季都沒能成為主力，合共只踢了十五場比賽。就算是這樣，小島伸幸也沒有放棄踢球。當球隊在一九九四年加入Ｊ聯賽，並改名為平塚比馬時，他也跟隨球隊參與職業聯賽。

反而是到了Ｊ聯賽之後，小島伸幸才開始受重用，在一九九四年賽季踢了四十一場比賽。不過那時候的小島伸幸仍然是企業球員合約，到一九九五年賽季才改簽職業合約，正式成為職業球員，那時候他已經二十八歲。而且隨著松永成立（Matsunaga Shigetatsu, 1962-）等老一輩門將開始淡出國家隊，小島伸幸雖然不算年輕，也在一九九五年二月第一次獲得國家隊徵召，在輸給澳洲的友誼賽替補上場，獲得第一次為國家隊踢球的機會。

不過當時小島伸幸在日本隊只算是替補門將，所以過了接近半年之後，才獲得第二次上場機會。那時候是到英格蘭出戰四角賽，在第二場對巴西一戰成為正選門將。可惜這場比賽對小島來說是難忘的慘痛片段，除了失了三球令球隊慘敗，他也因卡洛斯（Roberto Carlos, 1973-）和萊昂納度（Leonardo）等巴西名將的屢次猛烈射門導致手指骨折。還好兩個月之後，他在日本隊主場對哥斯大黎加一戰再次上場，首次不失球之下協助日本隊贏球。然後在一九九六年二月，他也隨日本隊到香港出戰賀歲盃四角賽，協助球隊以五比零大勝波蘭。可惜隨著後輩川口能活（Kawaguchi Yoshikatsu, 1975-）和楢崎正剛（Narazaki Seigo, 1976-）在一九九六年奧運會之後，立即占據日本隊正副選門將席位，小島伸幸就算能夠繼續入選，也只是第三把交椅。於是他雖有份參與一九九八年世界盃決賽圈，可是完全沒機會上陣。世界盃結束後他再也沒有入選國家隊，國際賽紀錄只有五次上場而已。

小島伸幸在平塚比馬踢了五個賽季，由於球隊的母公司財政困難，再也無法留住高薪球員，所以他在一九九九年賽季轉投福岡黃蜂。隨著年齡漸長，小島伸幸在二〇〇一年賽季退居替補，賽季結束後離開。當時已經年屆三十五歲的他，只能轉投群馬縣的業餘球隊草津溫泉，成為球員兼教練。還好他仍然猶有餘威，每一個賽季都協助球隊升級，到了二〇〇五年三十九歲的時候，還在J2聯賽擔任主力門將，在退役賽季還有二十三次上場機會。退役之後，小島伸幸反而沒有繼續教練工作，反而是擔任球隊大使以及成為球評。由於他的球評工作相當出色，所以他甚至成為ＮＨＫ球賽的常規球評之一，在世界盃等比賽直播都能看見他的演出，可說是比當球員時更紅，想必是不少人始料不及吧。

# 15

# 傳奇教練麾下的黃金左翼

# 平野孝

兵工廠著名總教練溫格（Arsene Wenger, 1949-）曾經培育不少人成為世界級球星，他在日本執教名古屋八鯨的時候，也跟南斯拉夫名將斯托伊科維奇（Dragan Stojkovic, 1965-）成為師徒，斯托伊科維奇現在也成為率領塞爾維亞國家隊踢世界盃的名帥。除了斯托伊科維奇，平野孝（Hirano Takashi, 1974-）也是溫格麾下的受惠者，在溫格的指導下成為一代黃金左翼，獲得為日本出戰世界盃的機會。

平野孝在J聯賽元年剛好念完高校，畢業後成為名古屋八鯨隊的一分子，雖然當時只有十八歲，卻因為擁有不錯的速度和盤扭能力，在第一個賽季就已經獲得不少上陣機會，在各項賽事上陣二十五次射進六球，對於未成年的新秀而言是相當不錯的數字，於是在第二個賽季在聯賽獲得倍增的三十五次上陣機會，也在這個賽季開始跟斯托伊科維奇成為隊友，從這名大師級進攻球員身分獲益良多。到了一九九五年，名古屋八鯨由來自法國的溫格擔任總教練，他上任後大膽重用新人，於是年輕的平野孝進一步鞏固在球隊的位置，在這個賽季射進九個聯賽進球。直到一九九六年九月溫格離開的時候，平野孝晉身成為日本足壇其中一個最全能的左路球員，攻守皆宜的他開始獲得國家隊的關注。

到了一九九七年六月，平野孝第一次獲得國家隊徵召，在對克羅埃西亞的友誼賽首次上陣就取得進球。然後由於日本在世界盃資格賽末段成績不太理想，教練團決定起用更多新人，於是平野孝開始成為國家隊的中堅分子。雖然那時候他還是搶不到前輩名波浩（Nanami Hiroshi, 1972-）的正選位置，不過替補上陣的話還是有一定表現，包括一九九八年二月作客澳洲的友賽梅開二度，說服了岡田武史監督把他選進一九九八年世界盃決賽圈的大名單。平野孝在世界盃對阿根廷和牙買加兩場分組賽都獲得替補上陣機會，雖然合共只有三十七分鐘，仍然能夠在左邊為對手帶來不少威脅。

可惜日本隊在世界盃之後聘用法國人特魯西埃（Troussier）接任總教練，由於平野孝是攻強於守的翼鋒，所以不合作風保守的特魯西埃心意，因此在世界盃之後就失去國家隊位置。還好平野孝在名古屋八鯨有不錯的表現，於是在二〇〇〇年二月的亞洲盃資格賽獲得重召，在擊敗尼泊爾一戰還有進球，不過踢完之後對澳門的比賽就再沒有機會，國家隊生涯只有短短不足四年，上場十五次射進四球。

而且禍不單行的是，平野孝在二〇〇〇年跟名古屋翻臉，他在賽季中段被球會以「破壞球隊士氣」為由，跟望月重良和大岩剛（Oiwa Go, 1972-）兩名老臣一起遭解雇。雖然他和望月重良很快就獲得京都不死鳥的聘約，不過這次跟名古屋翻臉似乎對他的影響不少，此後他的表現不復舊觀，在京都只踢了七場比賽，無法協助球隊保級成功。然後平野孝轉投磐田山葉、神戶勝利船和東京綠茵都沒有亮眼的表現。直到二〇〇六年去了橫濱水手，以及之後一年去了大宮松鼠，都已經沒有太多的上陣機會。於是他在二〇〇七年賽季結束後，就決定離開日本重新開始。

平野孝在三十三歲的時候才展開外流生涯，加盟了當時還在美國次級聯賽的溫哥華白浪隊。那時候他已經後退為左後衛，不過仍然以優異表現成為球隊主力，還成為聯賽賽季最佳十一人。二〇〇九年賽季，在賽季中度過三十五歲生辰的平野孝，還能夠上陣二十八次，成為球隊選出的最佳後衛。直到二〇一〇年賽季，平野孝才開始退居副選，不過也為溫哥華白浪取得優異成績，從而獲得加入ＭＬＳ聯賽的資格。不過他認為自己是時候退役了，於是沒有跟隨球隊征戰ＭＬＳ聯賽，溫哥華成為他球員生涯的最後一站。

退役後的平野孝回到日本，一直沒有離開職業足球圈。他首先是擔任電視足球節目的球評和主持人，然後在二〇一八年回到神戶勝利船，擔任青訓部長兼球探部長，今年初還成為球隊的助教。不過當神戶在三月跟總教練三浦淳寬（Miura Atsuhiro, 1974-）解約之後，平野孝也離開教練團，再次專注於球探部工作。

# 16

# 脾氣火爆的歸化傳奇

# 瑠偉

日本職業足球經過三十年的發展後，已經發展為人才多到國家隊用不盡的地步。回顧以往日本職業足球還是始創階段時，因為人才沒那麼多，所以也會歸化一些在日本踢球的巴西人成為國腳。曾經是日本隊10號球衣主人的瑠偉（Ramosu Rui, 1957-），可說是當中的先驅。

大家認識的瑠偉是一個蓄上大鬈髮和大鬍子的粗漢，不過他的背景和球技一點都不粗。瑠偉的父親是會計師，在巴西社會來說至少不是出身貧民窟，需要靠踢球改變家族命運的的窮小子。可惜瑠偉九歲時父親就去世，於是他就將足球成為生命寄託，十八歲時加入聖保羅省甲級聯賽的球隊簽約成為職業球員。踢了兩年之後，巴西混血國腳與那城喬治（Yonashiro Jorge, 1950-）回到故鄉聖保羅省，看到瑠偉踢球後就邀請他去遙遠的日本，從此改變瑠偉的一生。

一九七七年四月，瑠偉以留學生身分到了日本，同時加入與那城喬治效力的讀賣足球隊。起初瑠偉患上很嚴重的思鄉病，還好他的表兄弟也在日本陪伴他，才令他逐漸適應日本的生活。而他在巴西其實是踢後衛，到了日本之後才改踢前鋒，想不到效果非常好，在一九七九年賽季取得十四個進球和七次助攻，成為繼釜本邦茂（Kamamoto Kunishige, 1944-）之後，第二個在日本足球聯賽包辦金靴獎和助攻王榮譽的球員。

不過另一方面，瑠偉在球場上的脾氣相當火爆，令他多次遭受停賽處分。首先是一九七八年一月對日產自動車足球部（橫濱水手前身）的比賽中，因為受不了對手挑釁而追打對手，令他被罰停賽一年。然後在一九八四年對古河電工（千葉市原前身）因為參與雙方球員的群毆，又被罰停賽五個月。就算到了J聯賽時代，他也曾經因為不忿大阪飛腳的賈秀全（1963-）惡意犯規，而將皮球擲向對方面部，引起雙方球員大亂鬥，那時他已經三十六歲，脾氣還是不減。

就算如此，由於瑠偉的球技在當時的日本聯賽是超群，所以讀賣隊一直沒放棄他。在一九八六年，由於讀賣隊已有四名外援，而瑠偉已經符合歸化條件，所以開始申請歸化。結果等到一九八九年，他終於成為日本人，並以名字「Ruy」的日文譯音更名為「瑠偉」。

雖然瑠偉在三十二歲才成為日本人，不過也很快獲日本足協徵召成為日本國腳，為日本出戰一九九〇年亞運會，也成為日本隊在一九九二年首次奪得亞洲盃的功臣，而且出戰一九九四年世界盃資格賽，為出戰世界盃而努力。而他在一九九三年對斯里蘭卡一戰進球，以三十六歲八十五日之齡成為日本隊最年長進球者，這記錄在二〇一一年才被打破。可惜日本隊最終在杜哈失卻決賽圈門票，已經年邁的瑠偉也從此淡出國家隊，在一九九五年短暫復出，在對祖國巴西的友誼賽完成國家隊的告別戰。

瑠偉可說是日本職業足球始創期的代表人物之一，他跟隨讀賣隊參加J聯賽，並於三浦知良、武田修宏和柱谷哲二（Hashiratani Tetsuji, 1964-）等名將為川崎綠茵建立首兩屆冠軍的霸業。可惜隨著年齡增長，瑠偉再也不是綠茵隊的主力，於是他在一九九六年轉投京都不死鳥，並揚言要令這支新加入J聯賽的球隊成為西方霸主。可是京都卻在一九九六年賽季成為最後一名，瑠偉也在一九九七年夏天回到川崎綠茵，踢完一九九八年賽季之後正式退役。

瑠偉退役後的生活可說是多姿多采，他先成為沖繩一支業餘聯賽球隊的技術總監，不過後來跟這支球隊不歡而散，並因此促成他有份參與建立現在於J聯賽角逐的FC琉球建隊工作。然後瑠偉在二〇〇二年參與NHK晨間劇《櫻》的演出，是他首次也可能是唯一成為電視劇演員的經驗。瑠偉在二〇〇四年拿到日本足協S級教練牌照後，就成為日本沙灘足球隊總教練，率領日本隊在二〇〇五年拿到世界盃殿軍。於是他決定回到J聯賽工作，先是成為柏雷素爾的教練團成員，然後當母隊東京綠茵降級後，就回到球隊成為總教練。雖然他的執教能力一直受到質疑，尤其是他在戰術安排上令球員無所適從，不過東京綠茵還是在他的率領下，在二〇〇八年回到J1聯賽。這時他從總教練席位退下，並升任為球會行政總裁，後來更兼任社長。可惜他做了一年就離任。

瑠偉在二〇〇九年再次成為日本沙足隊總教練，並邀請前隊友前園真聖出戰世界盃，這次率領球隊打進八強。然後瑠偉再率領日本隊出戰兩屆沙足世界盃，再次率領日本打進八強。二〇一四年，再次回到J聯賽，這次是成為J2球隊ＦＣ岐阜的總教練，可惜率領球隊兩個半賽季的成績都不太行，結果被辭退收場。於是他第三次回到日本沙足隊總教練席位，率領日本隊在二〇一九年再次成為殿軍。之後他又功成身退，再次回到東京綠茵成為球隊總監。縱然早已過了知天命之年，瑠偉還是在日本足球界發揮他獨有的影響力。

# 17

# 日本足壇永不衰竭的發電機

北澤豪

在不少日本足球的支持者心目中，J聯賽初代目王者川崎綠茵是神之隊，那時候的當家球星如三浦和良和瑠偉等人的名字，要數出來實在是易如反掌。北澤豪（Kitazawa Tsuyoshi, 1968-）是這批經典球星的其中一人，雖然他從來不是第一主角，卻在這數十年間一直為日本足球擔任「發電機」。

身高只有一百七十公分的北澤豪，由於擁有一把長髮，而且在球場上展現跑不完的體力，故此在球場上有發電機的稱號。不過原來他在出道初期，在日本足球聯賽效力本田技研隊的時候，在一九九〇／一九九一年賽季以十個進球拿到金靴獎，也因此獲得讀賣隊招手，以及開始為日本國家隊上場，並成為日本隊在一九九二年第一次奪得亞洲盃的主要功臣。可是北澤豪在國家隊始終沒能獲得主力位置，無論是在一九九四年世界盃資格賽對伊拉克的關鍵一戰，還是一九九八年世界盃決賽圈，他總是無緣參與。結果他在一九九一至一九九九年間代表日本隊上場五十九次，射進三球。

所以北澤豪在球員時代帶給球迷的印象，幾乎是來自穿上川崎綠茵球衣的時候。他以體力為川崎隊帶來活力，也成為三浦知良等前線球星的最佳助手，當然他也有一定進攻能力。當三浦知良在一九九四年下半段至一九九五年上半段，選擇到義甲爭取上陣機會時，北澤豪也挺身而出為川崎提供進攻力量，結果他在一九九四年當選J聯賽最佳十一人，然後在一九九五年射進十一球，創下球員時代進球最多的一個賽季。

落選一九九八年世界盃決賽圈大軍後，北澤豪的球員生涯跟川崎綠茵一起漸走下坡，就算球隊已經不再是昔日的豪強球隊，甚至把根據地移到東京，北澤豪也繼續留效，直到二〇〇二年賽季，他知道自己的膝部傷疾不容他再踢下去，所以就算橫濱水手總教練岡田武史邀請他加盟，他也決定婉拒並結束球員生涯，成就他在職業生涯只效力綠茵隊的美事。最終他在J聯賽上場兩百六十四場，射進四十一球。

退役後的北澤豪反而比球員時代活躍得多，他先是擔任足球節目球評，以及成為各大綜藝節目的嘉賓，他擔任球評的受歡迎程度，從他有份擔任人氣足球電玩《Winning Eleven》的官方球評可見。然後他擔任五人足球協會和日本足協的委員，也成為五人足球青訓學院的總裁，後來還去柬埔寨和非洲推廣足球文化。而且在二〇一二年四月，北澤豪還擔任日本五人足球F聯賽的會長，累積相當經驗之後，更在二〇一六年擔任當時新成立的日本視障足球協會的會長，直到現在還為視障足球發展而努力。另一方面，北澤豪還是國學院大學的客座教授，經常向學生傳授足球和社會學的知識。所以就算不再擔任球員，北澤豪反而在足球界的貢獻更顯而易見，日本足球發電機到今天還是如常運作。

# 18

# 奮戰到最後的飛翼武士

# 山口素弘

日本J聯賽是亞洲發展得最成功的職業足球聯賽，可惜有一支曾經成為亞洲冠軍的球隊，卻因為不敵金融風暴而消失，那就是橫濱飛翼隊。而這支飛翼隊的標誌人物，就是努力為球隊奮戰到最後，以頒獎台作結的大將軍山口素弘（Yamaguchi Motohiro, 1969-）。

天生具備領袖風範，樣子帥氣，踢球風格卻相當硬朗的山口素弘，在大學畢業之後就加入日本大企業全日空，當然他的職責是在足球部踢球，出道時代的恩師就是後來入主日本國家隊的加茂周，也是山口素弘後來能在國家隊成為主力的契機。然後當全日空足球部申請成為J聯賽創會成員，並更名為橫濱飛翼隊之後，山口素弘也跟著球隊參加職業的J聯賽。

司職防守中場的山口素弘，成為橫濱飛翼爭取各項錦標的核心成員，先是在一九九四年協助球隊拿到天皇盃，然後在一九九四至一九九五年這一屆的亞洲盃賽冠軍盃，擊敗香港球隊快譯通、泰國球隊電訊局和阿聯球隊Al Shaab，奪得第一個亞洲錦標。然後山口素弘也協助橫濱飛翼，在亞洲超級盃擊敗泰國的泰農銀行奪冠。那時候的橫濱飛翼擁有巴西國腳塞薩爾・桑帕伊奧（Cesar Sampaio, 1968-）和津尼奧（Zinho，原名Crizam César de Oliveira Filho, 1967-），山口素弘在這兩名大人物身上確實是獲益良多。

於是在一九九五年一月，山口素弘獲恩師加茂周起用成為國腳，而且在同年二月假香港舉行的皇朝盃決賽對韓國一戰取得首個國際賽進球，協助日本隊拿到冠軍。此後山口素弘就成為國家隊主力防守中場，無論在一九九六年亞洲盃決賽圈、一九九八年世界盃資格賽，還有日本隊史上首次參與的一九九八年世界盃決賽圈，山口素弘都是全勤的主力成員，就算恩師早於世界盃資格賽階段被撤下，山口素弘的地位始終不變。

不過山口素弘在一九九八年世界盃之後就再沒有入選，也許是因為他在二〇〇二年世界盃時已經三十三歲，所以不獲當時的新任主帥菲利普・杜斯亞列入建隊計畫內。而且在一九九八年十月，由於橫濱飛翼的兩個主要金主都因為金融風暴而陷入赤字，於是球隊只能併進同市的橫濱水手，變相是球隊決定解散。山口素弘和另一名國腳隊友楢崎正剛都不想效力水手隊，於是在賽季結束後決定轉投名古屋八鯨，而山口素弘就以隊長身分，在一九九九年元旦日的天皇盃決賽率領橫濱飛翼奪得冠軍，為這支球隊畫上圓滿的句點。

山口素弘在名古屋八鯨也是中場主力，在二〇〇〇年元旦也協助球隊獲得天皇盃。效力名古屋隊四個賽季之後，山口素弘轉投新潟天鵝，協助新潟隊首度升上J1聯賽。然後他在職業生涯末段回到橫濱，加入另一支J2球隊橫濱ＦＣ，跟三浦知良一起協助球隊首次升上J1聯賽。可惜他在最後一個賽季沒能協助球隊保級成功，賽季結束後不獲球隊留用，從而在三十七歲時宣布退役。

退役後的山口素弘一直都在日本足壇發展，他首先擔任足球節目解說，然後成為日本足協的大使，協助指導年青球員和在社區推廣足球運動。當他拿到S級教練資格後，就在二〇一二年回到橫濱ＦＣ擔任總教練，首個賽季率領球隊拿到J2聯賽第四名。可惜往後兩個賽季領軍成績平平，於是山口素弘在二〇一四年賽季後就以「與會方理念不合」為由離開。然後他再次回到日本足協擔任技術委員，到了二〇一八年才回到名古屋鯨魚隊擔任各項職務，現在已升任為總經理，為球隊重建為豪強球隊而努力。

# 19

# 想做教練不成，卻做了會長的櫻花先生

# 森島寛晃

在日本J聯賽裡，有不少球員退役後擔任球隊的領導層，甚至現任J聯賽會長也是前職業球員。球員生涯只效力大阪櫻花的森島寬晃（Morishima Hiroaki, 1972-），本來在退役後許下宏願，有朝一天要成為球隊的總教練。可是在事成之前，卻已經先當了會長。

森島寬晃在高中畢業之後，就加入當時還在日本乙級足球聯賽的洋馬隊，雖然身材不高大，卻擁有全能的傳送和射門能力，可以擔任進攻中場和前鋒，所以在第二個賽季就已經成為球隊的主力。到了一九九四年，洋馬隊獲得加入J聯賽資格，並更名為大阪櫻花，於是森島寬晃跟隨球隊參與職業聯賽。雖然是第一次參與職業聯賽，森島寬晃卻在一九九五年賽季已經進了十一球，於是當選聯賽最佳十一人陣容，以及獲得國家隊徵召，甚至很快成為國家隊主力球員。

可惜隨著中田英壽的崛起，森島寬晃在國家隊的際遇就逐漸變得不如意。從跟中田英壽分享上場時間，到後來轉為超級替補角色，於是在一九九八年世界盃決賽圈，也只有一場比賽可以上陣。還好他在球會一直發揮出色，甚至帶動櫻花隊隊友西澤明訓（Nishizawa Akinori, 1976-）也在國家隊獲得重用，於是就算日本隊總教練特魯西埃（Philippe Troussier）在一九九九年美洲盃失敗之後大幅換血，森島寬晃的地位還是不變，縱使在二〇〇二年隨櫻花隊征戰J2聯賽，他和西澤明訓也繼續入選世界盃決賽圈大軍，而且在第三場分組賽對突尼西亞一戰，森島寬晃替補上場，在櫻花隊主場長居球場進球，助日本隊贏球並首次打進十六強。可惜世界盃結束後，接任總教練的齊哥（Zico）沒有給他機會，國家隊生涯就此結束。

森島寬晃後來獲稱為「櫻花先生」，甚至可說是櫻花隊的頭號標誌人物，除了在場上表現優異，包括在一九九八年賽季七場聯賽都有進球，當中包括一次帽子戲法，成為J聯賽史上開季連續進球場數最多的球員，以及在已沒有舉辦的J聯賽明星賽以六球成為最多進球的球員。更重要的是無論櫻花隊遇上什麼情況，森島寬晃都沒有離開。櫻花隊在二〇〇一年成績不佳首次降級，為了爭取在自家主場參加世界盃，離隊他投也是情理之中，可是森島寬晃選擇拒絕其他球隊的聘約而留下，最終也以表現贏得特魯西埃的信任。然後在二〇〇六年，櫻花隊再次降級，在西澤明訓和大久保嘉人（Okubo Yoshito, 1982-）等明星球員都選擇離開之際，森島寬晃還是留下。

可惜在二〇〇七年他突然患上原因不明的頭痛，令他根本無法好好練球，上場次數也大幅減少，也是他第一次在整個賽季都沒進球。等到二〇〇八年，頭痛的情況還是沒有好轉，還好當時櫻花隊已經有香川真司（Kagawa Shinji, 1989-）和乾貴士（Inui Takashi, 1988-）等後輩冒起。根本已經無法上場的森島寬晃，在賽季最後一場的最後一分鐘象徵式替補上場，為球員生涯畫上完美句點。

退役後的森島寬晃繼續留在櫻花隊，先是擔任球會大使，以及擔任球賽節目的球評。然後他獲得日本足協的A級教練資格，並表示希望日後能成為櫻花隊的總教練，不過一直都沒有成事。反而是在二〇一八年十二月，由於櫻花隊在那一賽季成績不佳，令會方決定做出重大變動，於是「櫻花先生」獲邀成為會長。櫻花隊在森島寬晃的領導下，最近幾個賽季的成績還算不錯。也許成為櫻花隊的總舵手，才是最適合這位標誌性人物的位置。

# 20

# 亞特蘭大奧運創奇者，到今天卻還在踢

伊東輝悅

日本足球國寶三浦知良到現在還沒退役，成為世界足壇難以置信的傳奇故事。原來除了三浦知良，還有一個早就過了退役年齡，卻現在還在日本職業聯賽拚命的傳奇球星，他就是曾經創造「邁阿密奇蹟」的伊東輝悅（Ito Teruyoshi, 1974-）。

伊東輝悅和三浦知良一樣出身於「足球王國」靜岡縣，在小學時代已經跟後來的國腳服部年宏（Hattori Toshihiro, 1973-）和望月重良一起獲得全國少年足球大賽的冠軍，高校時代也拿到高校足球大賽的亞軍，甚至被稱為「輝悅度納」。於是在高中畢業後，伊東輝悅就加入J聯賽成為職業球員，成為家鄉球隊清水心跳的一員。可惜由於司職進攻中場的他，在位置競爭上無法贏過球隊的寵兒澤登正朗，所以在最初兩個賽季都沒有太多上場機會。

直到第三個賽季，擁有強勁體能的伊東輝悅改踢防守中場，才開始在清水心跳拿到正選位置，並立即獲得當時執教日本奧運隊的總教練西野朗（Nishino Akira, 1955-）賞識，和中田英壽、前園真聖組成中場黃金組合。於是在一九九六年亞特蘭大奧運會男足項目，伊東輝悅在第一場分組賽正選上場，還把握機會攻破巴西大門，協助日本隊史上首次擊敗巴西，這就是日本足壇傳誦至今的「邁阿密奇蹟」。然後伊東輝悅在第三場分組賽為前園真聖送上助攻，協助日本隊擊敗匈牙利。雖然最終日本隊也無緣晉級，卻已經大獲好評，讓外界看到日本足球是充滿希望的。

日本隊衛冕一九九六年亞洲盃失敗後進行重組，伊東輝悅開始成為日本隊成員，並入選一九九八年世界盃決賽圈大軍，可惜沒有上場機會。然後在特魯西埃（Philippe Troussier）執教日本隊的時代，伊東輝悅的實幹作風深受這法國籍總教練的喜愛，於是他獲得重用，而且在二〇〇〇年到香港征戰賀歲盃的時候還首次成為隊長。可惜他沒有參加國際大賽的命，在一九九八年世界盃只當看客，在二〇〇〇年亞洲盃決賽圈因傷落選，在二〇〇二年世界盃決賽圈又因為受傷而無法入選。世界盃後特魯西埃離任，繼任的齊哥（Zico）著重球員的名氣和技術，踢法不華麗的伊東輝悅無法從稻本潤一（Inamoto Junichi, 1979-）、中田浩二

（Nakata Koji, 1979-）和遠藤保仁等後輩手上搶到位置。結果伊東輝悅只有二十七次國腳經驗，當中有二十五次是特魯西埃時代時獲得。

伊東輝悅雖然是以體能強橫見稱，這種踢法的球員多數在三十來歲就急速退化，他卻在出場紀錄方面屢創紀錄，先是在二〇〇七年賽季成為J聯賽史上首名在同一支球隊踢了四百場J1比賽的球員，兩年後更成為史上首名在J1聯賽踢了四百五十場的球員。縱然在二〇一〇年賽季後就被清水心跳放棄，結束了十八年在清水踢球的生涯，轉投新升上J1的甲府風林的第一個賽季，他就再次將J1上場紀錄增至五百場，那時他已經接近三十七歲。甲府風林在那賽季降級，伊東輝悅又把球隊帶回J1聯賽舞台，可惜在二〇一三年賽季他的狀態不佳，只有六次上場機會，甲府隊也再次降級，他也因此離開。

那時已經三十九歲的伊東輝悅，不僅沒有就此退役，卻不介意退到J3聯賽繼續爭取上場機會，先是在長野帕塞羅和秋田藍閃電兩支偏遠球隊踢了三年，然後在二〇一七年回到靜岡縣加入沼津青藍；不過他和另一名前國腳中山雅史一樣，在沼津隊幾乎沒在正式賽事上陣。只是在二〇二二年夏天，在之前六年只踢了一分鐘正式比賽的伊東輝悅，卻突然獲得四次上場機會，以四十七歲打破J3聯賽最年長上場球員紀錄。在同一年也由於三浦知良終於離開J聯賽，令伊東輝悅也繼承了現役J聯賽最年長球員之名。

也許有些人覺得伊東輝悅像三浦知良一樣，根本已經無法在場上為球隊做出什麼貢獻，為了打破紀錄而賴著不走根本沒意思。只是要上場比賽的話，還是每天要接受艱苦訓練，少一點熱情根本無法再撐下去。所以能夠看到他們「一把年紀」還對踢球充滿熱情，就只能令人感動。

# 21

## 鹿島鹿角傳奇中場

# 小笠原滿男

二〇二一年底，南九州蔚藍的天空下，一群正在鹿兒島白波體育場裡追夢的足球少年，各個眼睛發亮、揮汗如雨，爭奪著他們小學生涯中的最高榮耀。這是全日本U12足球選手權大會的決賽會場，爭冠的其一球隊——鹿島鹿角少年隊中一位幾乎比所有場上球員都矮，但卻帶著隊長袖標的球員，無論場上戰況如何變化，他臉上表情都沒有太大變化，沉著穩重地應對每一球，即使落後也努力在中場將隊形保持穩定，這個孩子叫小笠原央（Ogasawara Hisashi, 2009-）。如果關注過鹿島鹿角隊，便會很輕易地猜到他和那位鹿角隊史上最偉大球員的關係。天生的領袖風範和鬥志，便是這對父子身上最相應的DNA。

還是高中生時，在岩手縣的大船渡高校，小笠原滿男（Ogasawara Mitsuo, 1979-）便已經是相當受矚目的青年球員。在技術、體能、鬥志和領導能力上，他都展現出能成為偉大球員的潛質。鹿島鹿角是J-League史上最成功的球隊，曾奪下八次的桂冠，而小笠原滿男參與過其中的七次奪冠，另外加上五次的聯賽盃、四次天皇盃和一次的亞冠冠軍。可以說小笠原滿男在日職史上最偉大、最成功的球隊中也占了最重要的地位，因此巴西與鹿角隊的傳奇球星齊哥（Zico）在採訪中也提到了在他眼中鹿角隊史上最偉大的球員便是小笠原滿男。小笠原滿男的生涯早期和中期，技術與鬥志使他成為當時國內最優秀的中場之一，幫助球隊穩定中後場組織與防守，繼而建立強勢的進攻。生涯晚期，透過他的領導能力與經驗傳承，幫助球隊成長，甚至奪下亞冠冠軍的殊榮。可以說小笠原滿男的生涯和鹿島鹿角的輝煌歷史幾乎是畫下等號的。

要說在小笠原滿男如此成功的足球生涯中有些遺憾的地方，可能就是他的國家隊生涯。雖然作為日職常勝軍的王牌中場，每到國家隊選拔，小笠原也都是教練的必選口袋名單，但往往他都被視為球隊替補席上的重要後備人選，這是由於同時期日本隊也擁有大量優秀中場球員的緣故——中田英壽、小野伸二和稻本潤一，甚至之後的中村俊輔、遠藤保仁和松井大輔（Matsui Daisuke, 1981-）。往往在名氣上、功能性上和狀態上的優勢都讓小笠原滿男在國家隊大多只能淪為替補。二〇〇六年世界盃小組賽上對克羅埃西亞的先發，是少數為人印象深刻的大賽先發，卻也是一場令人心碎的世界盃出局。

二〇〇二年世界盃之後，鹿島鹿角和義甲強權ＡＳ羅馬隊交手，對於當時正在巔峰狀態的鹿角隊和小笠原滿男都是躍躍欲試，準備一展身手和對手抗衡的態勢。不過最終零比六，毫無懸念的敗仗，也讓小笠原滿男了解到和國外足球強權的極大差距。旅外，也成為他心中一個重要的目標。二〇〇六／二〇〇七年賽季，得償所願，小笠原滿男被租借到義甲麥西納（Messina）隊。在西西里島度過了一個不成功的賽季，僅六次出賽，一進球。一年的租借期結束後回到了鹿角隊，此後小笠原再無旅外，不過這樣的經驗和拓展的視野似乎也間接影響之後鹿角隊內選手的發展。作為隊內精神領袖，他幫助鹿角隊過去十多年出產不少旅歐球星，像內田篤人（Uchida Atsuto, 1988-）、大迫勇也（Osako Yuya, 1990-）和柴崎岳（Shibasaki Gaku, 1992-）等，都是在隊上和小笠原滿男交情甚篤的隊友。二〇一六年世俱盃踢進決賽和皇馬爭冠，二〇一八年鹿角隊奪得亞冠冠軍，甚至小笠原滿男的球員身涯最終戰也是二〇一八年世俱盃上與阿根廷河床隊的季軍戰。球員身涯最後的幾年，小笠原滿男利用他的經驗帶領鹿角隊在國際賽場上發光，當年在羅馬的慘敗已成過往，換來的是和歐冠冠軍皇馬的勢均力敵，這也為這位「鹿島鹿角足球先生」再添傳奇色彩。

# 22

# 不懈的足球追夢者

# 宮本恒靖

談起二〇〇二年日韓世界盃，人們回想起的可能是頂著帥氣髮型對阿根廷踢進十二碼的貝克漢（David R. J. Beckham, 1975-），也許是一頭飄逸髮型頂進黃金進球淘汰義大利隊的韓國安貞煥（1976-），也可能是頂著一頭金髮的頭球王克洛澤（Miroslav Klose, 1978-），更多的是對頂著怪異髮型奪下當屆桂冠的巴西羅納度（Ronaldo L. N. de Lima, 1976-）印象深刻。而作為東道主之一的日本隊，最為人印象深刻的相信就是在場上戴著有如蝙蝠俠面具的宮本恒靖（Miyamoto Tsuneyasu, 1977-）。身高未滿一百八十公分的他，作為主力中衛，透過果決的防守鏟斷、鬥志與頂尖的防守預判能力，成了日本能挺進淘汰賽的最重要關鍵之一。

二〇〇二年日韓世界盃對於首次主辦的日本來說，重要性不言可喻。主打三後衛的日本隊，主力左邊後衛中田浩二，右邊則是松田直樹（Matsuda Naoki, 1977-），而要扛起中間後衛重責的則是清水心跳的森岡隆三（Morioka Ryuzo, 1975-），不過因為森岡的舊傷，原本日本主帥就將宮本恒靖視為中後衛的備案，沒想到世界盃首戰與比利時的比賽，森岡就受傷退出賽會。由於首戰的和局，因此第二場對戰俄羅斯的比賽成了必須得贏下的關鍵戰役。由於世界盃前的熱身賽，宮本恒靖的鼻子遭受嚴重的受傷，為了能順利征戰，他必須戴上保護面具上場。這場全國引頸期盼的大戰，頂替森岡上場先發的宮本恒靖全場比賽做出多次關鍵的門前封阻，讓幾次俄羅斯的大好機會化為烏有，最後日本一比零勝出，而關鍵的第三場比賽，與突尼西亞的對戰，宮本再次拿出絕佳的表現，多次重要的防守判斷和封阻，讓日本再次零封對手，因此宮本恒靖戴上面罩頑強對抗的表情與畫面成為當時甚至至今仍為人所津津樂道的話題。

作為歷史上J聯賽與日本國家隊相當具影響力的球員，一百七十六公分的身材卻能在中後衛位置上有著頂級的表現，相當難得。除了拚勁、鬥志外，冷靜的頭腦和韌性是宮本恒靖最與眾不同的特質。出於對足球的熱愛，有足球夢的宮本在學生時期必須在足球和學業上齊頭並進。由於爸爸是日本大企業的高級會社員，媽媽是英語教師，宮本從小認知到除了足球以外，學業上也必須好好完成。因此宮本在大阪飛腳青訓時期，由於訓練場離家很遠，他必須好好利用回家路上的交通時間來念書，甚至接近大學考試時，晚上七點訓練完，他必須緊接著上補習班學習到十一點才回家，雖然辛苦，但也讓他除了獲得完整的足球青訓培養外也順利完成學業並考上理想大學。這確實對於他日後的職業足球生涯和人生規劃產生相當大的影響。

在大阪飛腳效力十二年，成為隊史上最偉大的中後衛，宮本選擇旅外挑戰。在奧地利薩爾斯堡（Salzburg）效力兩年之後回到J聯賽神戶勝利船效力三年後退休。結束球員生涯後，宮本很快開始他足球事業上的第二人生，二〇一三年，他從FIFA Master的課程中畢業成為史上第二人，日本史上第一個前職業足球員從此FIFA課程上畢業。

二〇一五年開始，宮本恒靖回到從小成長的大阪飛腳青訓擔任教練，二〇一七年開始擔任隊上U23的監督。二〇一八至二〇二一年更是成為一隊的監督，帶領球隊獲得過第二名的佳績，並踢進亞冠。二〇二一年由於成績不理想，遭到球隊換帥。不過在有了如此豐富的選手與教練閱歷後，宮本恒靖開始進入日本足協工作，現在作為日本足協專務理事的身分，透過他完整的足球閱歷以及學術經歷，肩負著日本足球未來發展的大旗，為了摯愛的足球繼續奮鬥。

# 23

# 大和鋒線狂想曲

# 柳澤敦

漫步義大利港城熱那亞，從港邊的歷史古蹟依稀可以想像這座曾經在中世紀叱吒風雲的海洋霸權城市當時的繁盛。在上萬公里之外的日本富山縣射水市，這座寧靜的小港城卻有著富山灣絕美壯麗的風景陪襯，讓這裡被形容為小義大利，而串聯這天涯兩端繁華與寧靜港城的名字——柳澤敦（Yanagisawa Atsushi, 1977-），是日本史上最具代表性的前鋒之一。富山射水市出生的柳澤敦，在富山第一高校就讀時，便已是超高校級的大物選手，在加入J聯賽後成為了鹿島鹿角不可取代的王牌前鋒，也為自己爭取到位於熱那亞的義甲強隊桑普多利亞的青睞，旅外踢球。

柳澤敦作為鹿島鹿角歷史上最成功的前鋒，他所斬獲的八十顆進球，在這日職史上最成功的球隊中占有非常重要的地位。在他的進球過程中可以看到他有如「博格坎普（Dennis N. M. Bergkamp, 1969-）」的高超停球技術，像是「英薩吉（Filippo Inzaghi, 1973-）」一樣的跑位時機和空間判斷，更有像「勞爾（Raúl G. Blanco, 1977-）」一樣的搶點與射門技術，這是黃金時期的柳澤敦最為人所稱道的技術特點。另外當時的前鋒搭檔鈴木隆行、中場司令塔小笠原滿男，以及後防大將中田浩二等，與柳澤敦的完美搭配也成為鹿島鹿角勢如破竹的最大關鍵。

由於柳澤敦在鹿島鹿角多年來精湛的表現，吸引到了義甲桑普多利亞（Sampdoria）的注目，鹿島外借柳澤敦至該隊。雖然在桑普多利亞的一個賽季，柳澤顆粒無收，但場上表現還是獲得部分球隊的肯定，接下來的賽季繼續外借義甲麥西納隊，並且在他義甲的第三個賽季，麥西納正式簽下他。不過總計在義甲的三個賽季數據上乏善可陳，柳澤敦結束旅外生涯，回到了J聯賽發展。

在日本國家隊充滿才華洋溢中場大師的年代，有中田英壽、小野伸二、稻本潤一和中村俊輔等名將的傳輸，讓柳澤敦為首的前鋒好手們場上發揮如魚得水，更能凸顯出他們的技術特點。中場大師搭配跑位靈動的柳澤敦，這樣的經典組合是在日本足球歷史上為人所稱道的。雖然柳澤敦在二〇〇六年世界盃上與克羅埃西亞關鍵戰中，錯失一個非常關鍵的禁區內空門，間接影響日本被淘汰而惹來罵名，不過這位參加兩屆世界盃的名將，仍為日本立下不少汗馬功勞，尤其是與義大利國家隊交手時柳澤敦凌空將球用右腳腳背射穿傳奇門將布馮（Gianluigi Buffon, 1978-）十指關的進球而被世人所牢記。

二〇〇一年三月十一日，東日本大地震。一陣天搖地動，無數人就此失去親人與家園。此時正在球員生涯晚期，效力於仙台隊的柳澤敦親身經歷此慘況，便在重建時期以身作則，帶領隊友一起投入賑災，希望能讓災民盡快走出悲痛，回歸正常生活。退休之後的柳澤敦，回到球員生涯的起始點，在鹿島鹿角隊擔任教練，他希望能將鹿島鹿角作為日職最成功球隊所秉持的精神與目標傳承下去，讓這座小城市所蘊含的深厚足球底蘊一代一代傳下去。

# 24

# 不死鳥，夢的守護者

# 川口能活

一九九六年美國亞特蘭大奧運足球賽，日本首戰面對強大的巴西隊。在這場眾人高度期待的比賽中，一位二十歲的年輕守門員一次次漂亮地阻擋與撲救，將巴西隊凌厲的攻勢瓦解，幫助最後日本隊爆冷擊敗了巴西隊。這場被載入日本足球史冊的重要勝利，在當時日本足球以巴西作為發展模板的時空背景下形成了對於日本足球發展相當重要的鼓舞，也為這位後來被尊稱為日本足球史上最偉大守門員的川口能活（Kawaguchi Yoshikatsu, 1975-），其偉大的球員生涯拉開華麗的序幕。

一九九四年美國世界盃亞洲區資格賽最終戰，日本在比賽最後時刻被伊拉克追平，痛失史上第一次進入世界盃的機會。由於比賽在多哈進行，因此這次的大挫敗被人稱為「多哈悲劇」。一九九八年法國世界盃資格賽的亞洲區最後一個名額決定賽，日本與伊朗一戰定勝負決定誰能獲得亞洲最後一席進入世界盃的機會。此時的川口能活已經作為主力在這屆資格賽中拚戰，當然這場也作為先發門將把守這場日本足球史上最重要的比賽之一。「多哈悲劇」的悲痛仍歷歷在目，但一個屬於日本的新發展格局已來到，這場比賽中川口能活優異的表現和隊友的通力合作，日本在加時賽獲得黃金進球擊敗伊朗，史上首次踢進世界盃。

一九九八年日本隊首次登上世界盃舞台，雖然三場小組賽都落敗，但川口能活在比賽中屢屢化解阿根廷和克羅埃西亞等強隊有威脅的射門，也將自己的能力展現在全世界面前。二〇〇〇年亞洲盃，日本展現攻守兼備的強大能力，一路過關斬將，雖然決賽遇到沙烏地阿拉伯的頑強抵抗，川口能活再次扮演關鍵角色，不斷化解險情，最後成功幫助日本奪冠。

二〇〇一年，川口能活迎來旅外機會，成功登陸英超，加入樸茨茅斯隊。可惜在兩年多的英超生涯獲得到的機會並不多，也間接導致自己狀態下滑。二〇〇二年日韓世界盃上，日本總教練將第一號門將的位置交給了狀況正好的楢崎正剛，因此川口能活錯過了在家鄉人民面前表現的機會。二〇〇四年亞洲盃，八強淘汰賽與約旦的比賽上演川口能活球員生涯最為人津津樂道的一場比賽。由於一路平手的局面，比賽來到了互射十二碼大戰決勝負。在日本先射丟兩球的情況下，約旦三度來到進球就贏得比賽的狀況卻都一一被川口能活化解，其中兩個十二碼更是被川口能活努力伸長手臂觸碰到球後改變球的軌跡而擊中門框彈出，最後約旦連續四點射失，反而讓日本贏下比賽。川口能活不放棄的態度硬是扭轉日本極度不利的處境，讓日本奪下勝利，極佳的狀態也延續到了四強賽和冠軍賽，幫助日本在亞洲盃上取得二連霸。

二〇〇六年世界盃、二〇〇七年亞洲盃甚至二〇一〇年世界盃資格賽上都能看到川口能活作為主力門將上場，一直到二〇一〇年世界盃上，川島永嗣（Kawashima Eiji, 1983-）接手成了新一代的日本守護神為止，川口能活多年的國家隊生涯就像是日本國家足球的近代發展史一樣。川口能活的每一個大腳、每一次撲救都伴隨著日本國家足球一點一滴的成長茁壯。在職業賽場上，川口能活在橫濱水手和磐田山葉奉獻了七年和九年，共十六年的職業生涯，幫助球隊獲得無數榮耀。球員生涯最後幾年在日本J2和J3繼續努力傳承經驗，退休後目前也在日本國家隊擔任教練。川口能活作為日本國家代表和職業球員努力與成功的象徵，他至今仍在努力奉獻，繼續將燃燒的鬥志和不死鳥的精神傳承下去。

# 25

# 藍武士守護神

# 川島永嗣

二〇一八年俄羅斯世界盃小組賽最後一輪，日本對上波蘭的關鍵戰役，這場比賽將決定這小組誰能晉級十六強淘汰賽。賽前因為前兩場小組賽發揮不穩定而被球迷大肆批評的川島永嗣（Kawashima Eiji, 1983-）仍然得到主帥西野朗的信任，作為先發把守這場關鍵大賽的球門。最終，他也以幾個關鍵撲救回報西野朗的信任，順利帶領日本闖進十六強淘汰賽，重新贏得球迷的掌聲，這就是川島永嗣——連續把守三屆世界盃日本隊所有比賽球門的日本守護神。

川島永嗣從小在日本關東埼玉縣長大，由於在這個日本足球大縣成長，愛上足球似乎是理所當然的事。從小就對守門員這個位置有特別的興趣，加上對於阿根廷國家隊守門員戈伊科切亞（Sergio Goycochea, 1963-）的喜愛，因此很小川島永嗣便決定往守門員發展並展現極高的天分。一路地成長，當他準備往職業球員邁進時，作為埼玉最具人氣的浦和紅鑽當然是川島最想加入的球隊，可惜川島的潛力並沒有被浦和紅鑽看到，最後他選擇加入埼玉縣的另一支球隊——大宮松鼠，開始自己的職業生涯。在大宮松鼠，剛入隊的川島，其潛力很快就被監督發現，當然優異的能力也讓他很快受到大球會關注。離開大宮，他首先來到了名古屋鯨魚，作為球隊的第二號門將，在日本傳奇守門員楢崎正剛的身後學習，獲得到了非常寶貴的經驗。兩年後，川島轉會川崎前鋒，迎來其球員生涯的第一個黃金期，大放異彩。

在川崎前鋒效力的三個半球季，川島永嗣場場先發，成為隊上不動的守護神。優異的表現不只讓他入選日本國家隊，也讓他身價不斷上漲，成為J聯賽身價最高的守門員。二〇一〇年，迎來他生涯另一個黃金期，由於在川崎前鋒幾年來優異穩定的表現，世界盃上川島永嗣出乎意料地成為隊上的第一號門將，而非外界所期待的老將楢崎正剛。結果川島在世界盃上展現令人驚豔的身手，一次次精彩的撲救，帶領日本再次踏上十六強淘汰賽的舞台，絕佳的表現也得到了國外俱樂部的注意，為他迎來了旅外的機會，加入了比利時甲級聯賽的利爾斯隊。來到比甲之後，川島在利爾斯表現優異，因而得到了機會轉會加盟比甲強隊標準列日，也讓他成為了日本當時最具代表性的旅外球星之一。在標準列日隊中，他是不動的第一號守門員，稱職的表現也讓他迎來了球員生涯的最高峰。二〇一四年巴西世界盃，就當他準備大顯身手帶領日本寫下新的篇章時，接下來的發展卻出乎所有人的意料。

二〇一四年巴西世界盃，擁有一群正值巔峰狀態旅歐球星的日本隊，被稱為另一個黃金世代，不過小組賽上卻令人意外地以一和兩敗作收，小組賽便被淘汰。對準備一展抱負的川島來說是不小的打擊，更糟糕的是，川島在世界盃後狀態持續低迷，尤其在麒麟盃比賽中犯下嚴重的失誤，惹來大眾惡劣的批評。在俱樂部裡，川島的狀態也相當低迷，失去了主力的位置。因此二〇一四／二〇一五年賽季後，川島離開標準列日隊，迎來的是他球員生涯中最低潮的、長達半年沒有任何所屬球團的無約身分。由於無所屬的身分，也讓他落選了國家日本隊的名單，造成雙重打擊。二〇一五年十一月，長達半年的無所屬身分終於結束，川島加盟蘇超丹地隊。在寒冷的蘇格蘭鄧迪，川島獲得了球隊和球迷相當大的歡迎和鼓勵，讓他得以重新振作、找回自信。一年後，川島獲得法甲梅斯的青睞，得以首次擠身歐洲五大聯賽。

作為隊上的替補門將，川島僅在二〇一七／二〇一八年賽季作為梅斯主力門將踢完整季，因而再次得到機會，參與二〇一八年俄羅斯世界盃並作為主力門將踢進十六強淘汰賽。二〇一八／二〇一九年賽季，川島轉會史特拉斯堡，作為第三號門將僅在二〇二〇／二〇二一年賽季因為第一號門將受傷、第二號門將肺炎確診，獲得成為隊上主力門將的機會，二〇二二年世界盃，川島再次位列大名單，不過這次主要的任務已經在於經驗傳承，而非上場比賽。作為史上亞洲球員在歐洲踢球最年長的門將，川島永嗣已在所有日本足球迷心中占有相當重要的地位，相信有著不輕易放棄個性的川島依舊會在場上用他的方式繼續書寫傳奇。

# 26

# 「10號」藍色旋風

# 名波 浩

一九九九／二〇〇〇年賽季，義甲第七輪的一場令人注目的比賽在漫天大雨的威尼斯展開。這是義甲史上第一場日本人德比（Derby）*，中田英壽的佩魯賈隊（Perugia）對上名波浩（Nanami Hiroshi, 1972-）的威尼斯隊，兩位被稱為當代日本最具實力的球星正面對決。一切就彷彿漫畫劇情般，兩位球星在淹水的球場中上演精彩拚鬥，名波浩的拚勁為威尼斯創造多次幾乎進球的攻勢，但中田英壽兩次漂亮的助攻最後為球隊帶走勝利。名波浩的首個義甲賽季，也是唯一的義甲賽季，以一進球和三個助攻作收。雖然開季前三輪便傳出兩次助攻，不過未獲得總教練完全的信任，加上球隊整體狀況不穩定，讓名波浩適應上難上加難。不過就像他在多年後回憶到一九九八年世界盃，日本與阿根廷的對決，讓他了解自己和世界的距離，而阿根廷隊上多位他欣賞的球星皆在義甲踢球，讓他對義甲產生憧憬。在當時大部分世界足壇巨星皆效力義甲而被稱為小世界盃，名波浩有機會對上席丹（Zinedine Y. Zidane, 1972-）、巴蒂斯圖達（Gabriel O. Batistuta, 1969-）、羅納度等世界巨星，仍讓他受益良多、眼界大開。

一九九八年法國世界盃，日本史上首次進軍世界盃。在那個日本漫畫風靡世界的時空背景下，足球小將成為足球世界裡家喻戶曉的日本漫畫，而漫畫主角——大空翼身著日本國家隊球衣10號球衣，承載日本足球發展的形象深深烙印在全世界足球愛好者的腦海裡。而現實世界當中穿著日本隊10號球衣，帶領日本首次登上世界舞台的真人版大空翼，他的名字是——名波浩。

出生在日本足球王國之稱的靜岡縣，名波浩很早便展現出優於所有人的足球天分。高校就讀清水商時期，三年內幾乎拿遍所有的全國冠軍，隊上先發十一人當中，十人最後成功進入J聯賽，因此被喻為日本高校史上最強球隊。進入J聯賽的磐田喜悅隊後，名波浩很快成為最重要的核心，帶領有豪華陣容的磐田獲得相當多冠軍的殊榮。慣用腳為左腳的名波浩，有非常優異的盤帶技巧，最為人稱道的是迅速的空間判讀和準確的傳球能力。他標誌性的左腳外腳背傳球常常在關鍵時刻成為打穿對手防線的武器而讓人嘖嘖稱奇。

二〇〇〇年黎巴嫩亞洲盃八強賽，日本隊和伊拉克的比賽當中，日本隊14

號的中村俊輔準備開出自由球，當所有人在禁區內準備攻防時，中村卻把球挑起開往無人的禁區外圍，球在空中畫出一道簡單的弧線，名波浩從遠處奔往球的落點，一腳凌空抽射，球快速竄入球門得分。這一幕被後人視為日本史上最經典的進球，不只是日本足球新視野和創造力的展現，也是名波浩和中村俊輔這兩位日本隊經典10號的傳承象徵。這屆亞洲盃，日本以強大的實力，攻下二十一球，強勢奪冠。名波浩在經歷多屆J聯賽冠軍和義甲的洗禮後，以巔峰的狀態在亞洲盃大殺四方，攜手年輕的中村俊輔、小野伸二、稻本潤一和高原直泰等新星展現亞洲王者的氣勢。名波浩無懈可擊的攻守表現和節奏掌控，毫無疑問地獲得大會最佳球員，也讓此次日本隊被冠上史上最強的稱號。

二〇〇〇年亞洲盃的優異表現讓名波浩成為日本國人高度期待，能在二〇〇二年帶領日本在日韓世界盃獲得好成績的關鍵人物。可惜膝蓋的傷勢不斷地困擾著名波浩，讓他錯過了日韓世界盃的正選名單。不過名波浩仍然繼續在國內聯賽帶領著磐田山葉獲得佳績，成為磐田甚至J聯賽史上最具代表性的球員之一。

退休後他也成為磐田山葉的監督，帶領球隊走出戰績不佳的泥沼。

一九九八年世界盃亞洲區最終資格決定戰、一九九八年世界盃和二〇〇〇年亞洲盃，名波浩都背負著10號球衣，作為日本隊中的中場大腦，帶領球隊穩住陣腳一步步站穩向上，一直到迎接二〇〇二年日韓世界盃的到來。雖然時至今日，大家仍在尋找誰才是真正的現實版大空翼，但名波浩在巔峰時期時所綻放出無比的光芒，多年後看來仍是如此耀眼。他在引退後，目前仍作為教練繼續將對足球的摯愛傳遞下去，續寫著屬於自己的傳奇。

* 德比（Derby）是體育術語，在歐洲多指足球隊之間的比賽，而在亞洲和北美洲則也可以是籃球隊、橄欖球隊、冰球隊和棒球隊等集體項目的比賽。根據不同的情況，德比的定義和使用範圍也不同。第一種定義指的是兩支位於同一地區的球隊之間進行的對抗；第二種定義指兩支實力和歷史榮譽差不多的球隊之間的比賽；第三種情況是一個國家裡最強的兩支球隊之間的對抗，即國家德比；第四種情況是兩支球隊因為某些歷史或其他因素而產生了恩怨之後進行的拉鋸戰式對抗。

# 27

# 天才的挑戰

# 小野伸二

二〇〇二年五月八日，歐聯盃決賽在荷蘭鹿特丹的費耶諾德（Feyenoord）球場舉行。這場眾所矚目的比賽剛好是由主場的費耶諾德對上德國多特蒙德（Dortmund）。而千里之外的日本正在為即將到來的日韓世界盃緊鑼密鼓地準備，而全國的目光也同時投向這場比賽，因為效力於費耶諾德的小野伸二（Ono Shinji, 1979-）在此場比賽作為先發上陣。時間來到四十九分鐘，緊張的比賽產生變化，在費耶諾德一陣逼搶下，多特蒙德中場未能將球停好，小野伸二順勢一腳將球挑傳穿越防線給前鋒范佩西（Robin van Persie, 1983-）形成單刀，攻破球門。這個關鍵助攻創造出第三顆進球，使費耶諾德最後能以三比二奪下冠軍。小野伸二成為歷史上第一位奪得歐戰級別冠軍的日本球員，也為這位至今仍被諸多日本傳奇球星稱為真正天才的球員，更添傳奇色彩。

生於被稱為日本足球王國的靜岡，小野伸二從小就展現高人一等的足球天賦。由於家中小孩眾多，經濟並不好，足球在小時候的小野伸二眼中就像那些藉由足球脫離貧困的南美球員一樣，成為他想要轉變命運的寄託。從小學就被視為獨一無二的天才，小野伸二一路嶄露頭角，十三歲時便入選U16日本代表隊，十五歲那年更幫日本拿下U16的亞洲冠軍。高中就讀於靜岡名門清水商高，優異的表現獲得J聯賽浦和紅鑽的青睞，延攬入團，而且開季就站穩先發主力，成為球隊不可或缺的一員。第一個賽季還沒結束，十八歲的小野伸二完美的表現就讓他進入到了首次進軍世界盃日本隊的大名單，雖然只在小組賽最後一場比賽出賽，但總教練讓他在最後幾分鐘接替主力的名波浩上場，對於他的期待，象徵意義不言可喻。在這僅有的幾分鐘裡，小野伸二盡情展現能力，盡顯大將之風，這也成為他日後成長的重要養分。

U19亞洲盃，小野伸二帶領著高原直泰和稻本潤一等同世代球星拿下亞軍，獲得U19世界盃的參賽資格，小野也奪下賽會最有價值球員。在U19世界盃上，被稱為黃金世代的這一批球員，小組賽第三場對上英格蘭必須至少平手才能進軍淘汰賽。結果前兩場狀態不好的小野伸二及時甦醒，藉由包括他一記漂亮吊射入門，共兩個進球，二比零擊敗英格蘭，小組第一進入淘汰賽。之後日本隊一路過關斬將進入決賽。可惜四強賽，小野伸二意外獲得第二張黃牌導致停賽，最後日本隊只能屈居亞軍。但這日本男足史上少有的世界亞軍，也呼應了這批以小野伸二為首的日本球員，被稱為「黃金世代」的美名。

十八歲的小野伸二在首個職業賽季順風順水，但很快就迎來足球生涯的最大挫折。在一九九九年雪梨奧運資格賽上，一場實力懸殊的比賽，卻遭到菲律賓球員惡劣地防守侵犯，造成他左膝韌帶斷裂。由於嚴重的受傷造成小野伸二長期缺陣，也直接影響到浦和紅鑽的成績跌入谷底。雖然在關鍵的終盤站，小野回到陣中，但仍然無法挽回頹勢，浦和紅鑽確定降級，小野伸二再一次地受創。隔年，在J2的浦和紅鑽準備用最快的速度重回頂級聯賽，但由於J2球隊四散於日本各地，頻繁的比賽和四處奔波讓剛從傷病回歸賽場的小野伸二，狀況時好時壞，陷入前所未有的低潮。不過堅定的意志仍讓小野伸二克服種種困難，在同樣最後一場比賽決定繼續留在J2或升格重回J1的情境下驚險拿下勝利，重回頂級聯賽，也讓小野伸二破繭而出，真正成為頂級球員。

二〇〇一年賽季中，小野伸二旅歐轉會加入荷甲強隊費耶諾德。旅歐第一個賽季便大放異彩，不只幫助球隊奪得歐聯盃冠軍，也讓他成為世界公認的頂級中場球員。二〇〇二年日韓世界盃上，小野伸二達成自己四年前法國世界盃後的承諾，作為日本隊的核心主力踢滿所有比賽，帶領球隊取得佳績。被全日本喻為天才的小野伸二真正兌現自己的天賦，站穩歐洲主流聯賽，並成為日本足球發展的中流砥柱。

在費耶諾德效力五年後，小野伸二回到浦和紅鑽效力兩年後再次旅歐加入德甲的波鴻隊一年。接下來小野伸二開始他有趣的足球歷程。從德國回來後，小野伸二回到了從小培育自己的故鄉——靜岡，加入清水心跳，用實際行動回報故鄉人們的栽培。二〇一二到二〇一四年，小野第三次旅外，這次加入的是澳職A聯賽的西雪梨流浪者，也因此在澳洲掀起一股小野旋風，小野伸二所到之處，所有人無不讚嘆他迷人的個人特質以及他精湛的足球技巧和天賦。結束澳職生涯，小野伸二來到了北海道加入札幌岡薩多。就當大家以為他會在札幌退休時，他又來到日本南邊的沖繩加入FC琉球，效力兩年。二〇二一年，他再度回到札幌，效力至今，仍未退休。比起當球員的他，現在的小野伸二更像是一位足球大使，繼續在職業賽場上散發他獨特的魅力，讓更多年輕球員承續他的經驗、更多球迷能一睹這位日本史上最具天分足球員的風采。

⚽編按：二〇二三年九月，小野伸二正式宣佈退役。

# 28

# 推開世界的門

# 稻本潤一

俊秀的臉龐，一頭閃耀的金髮，這位當年有如藝人般帥氣外表的日本中場悍將，命中注定要為日本足球發展寫下劃世代意義的新篇章，他的名字是稻本潤一（Inamoto Junichi, 1979-）。二〇〇二年日韓世界盃日本隊在第一場小組賽平局後，第二場對上被評估為此小組實力最堅強的俄羅斯，成為若要晉級必定得拿下的一場比賽。雙方一路膠著，下半場才在柳澤敦靈光一現的一腳傳球助攻下，由稻本潤一踢進全場唯一個進球。這個致勝球，也讓稻本潤一成為貢獻日本足球史上世界盃第一場勝利的民族英雄，因而載入史冊。事實上，本屆世界盃第一場比賽，日本隊也是靠著稻本潤一關鍵的進球，讓他們和比利時踢成平手，拿下積分，成為能突破小組賽的關鍵因素。

小學時代，擁有出色的身材條件和壯碩體格的稻本潤一就已展露出不凡的足球天分，而這時的他在全國賽遇到了來自靜岡的小野伸二，深深地被小野的天分和能力所震撼，這也成為他日後加強自己和努力成長的鞭策力量。兩位同年齡的天才球星結下了不解之緣，從對手互相競爭到成為日本國家青年隊的隊友，再一起成為國家代表隊的不動主力，一起獲得過無數的榮耀。大多出任防守中場的稻本潤一擁有出色的防守、過人的拚勁和果決的搶斷。另外他也有強烈的前插攻擊慾望和不知倦怠的奔跑能力，剛好和小野伸二在盤帶和傳球運用上善於閱讀場上空間的能力互相完美搭配，因而這兩位天才中場的合作成為日本足球史上最為人津津樂道的經典二人組。

在大阪成長的稻本潤一，十七歲便成為大阪飛腳成年隊的一員。由於出色的能力和成熟的身材條件，他很快便在隊上站穩腳步，更快速地取得個人生涯首個進球，讓他在十七歲時，成為當時J聯賽史上最年輕取得進球的球員。在大阪飛腳穩定成長下，稻本受到了英超球隊兵工廠的青睞，以租借的形式加入。可惜因為當時兵工廠隊內名將如雲，稻本在英超沒有獲得任何機會，只在盃賽上獲得僅有兩次的上場機會。不過這看似他順風順水的足球生涯中遇到的第一次挫折，但這一年在兵工廠的經歷也讓他獲得和隊中來自各國的世界頂級球星訓練和學習的機會。二〇〇二年世界盃上，由於一年來缺少上場機會，成熟的稻本穩下心來在賽會上表現自己的能耐，因而大放異彩，重拾狀態，也讓他獲得另一支英超球隊富勒姆的青睞，成就他之後球員生涯的最巔峰。

二〇〇二／二〇〇三年賽季，稻本潤一轉會繼續以租借的形式加入富勒姆。他維持在世界盃上的絕好狀態，在歐足聯托托盃上（UEFA Intertoto cup）面對義甲波隆那的比賽，驚喜上演帽子戲法，三個進球帶領球隊拿下勝利，取得冠軍，也成為歷史上第一位在歐洲賽場上演帽子戲法的日本人。能攻善守的全方位表現讓他成為了富勒姆球迷的新寵兒。開季沒多久，稻本也取得了日本人在英超的首個進球，因而名留青史。在富勒姆效力的兩個賽季，稻本潤一在英超展現全方位的身手與效力荷甲費耶諾德的小野伸二、義甲帕瑪的中田英壽和義甲雷吉納的中村俊輔成為當時聲名遠播、立足於世界足壇的四大日本球星，也帶動日本足球在國內的發展更快速增長，也讓世界對日本足球實力發出一次又一次的讚嘆。

效力富勒姆兩年後，西布朗維奇正式簽下稻本潤一。雖然狀態不像過往如此巔峰，不過接下來的幾年，稻本潤一的實力仍被歐洲足壇肯定，之後他仍在土超加拉塔薩雷和德甲法蘭克福等強隊效力。在旅歐九年後，倦鳥歸巢，稻本回到日本加入川崎前鋒隊，並憑藉穩定的表現入選二〇一〇年南非世界盃，第三次參與世界盃。作為職業足球員中的長青樹，稻本之後也效力過札幌岡薩多和ＳＣ相模原，在J2和J3賽場都有過他的足跡，甚至他以三十九歲八個月在相模原成為J3史上最年長的進球者。時至今日他仍不言退，在漫畫家高橋陽一（Takahashi Y ichi, 1960-）的南葛ＳＣ效力，繼續踢球，退下名將的身分，和一般的足球愛好者打成一片，為足球的推展繼續努力。

# 29

# 難以撼動的藍色堡壘

# 井原正巳

二〇二一年一月中旬，大地上仍然佇立著光禿禿的樹，氣溫依舊冷冽。此時日本滋賀縣的琵琶湖畔，無數的足球少年早已經揮汗如雨下，準備迎接這個縣內少年足球的最高榮耀。這個比賽是井原正巳盃少年足球大會，目前已經邁向第六回，是滋賀縣內最盛大的少年足球賽事。而井原正巳（Masami Ihara, 1967-）這個名字代表著縣內無數足球少年所嚮往的理想與目標，藉由井原正巳這位在滋賀縣土生土長，被認為是日本史上最強大的中後衛，也是一九九五年亞足聯的「亞洲足球先生」，告訴這群從小在琵琶湖畔踢球長大的孩子們要胸懷大志，努力追逐夢想。

一九九八年法國世界盃，日本首次踢進世界盃。當時相當有代表性意義的隊長袖標正是戴在背號4號的日本中後衛井原正巳的臂膀上。作為帶領日本首次征戰世界盃的代表性人物，井原正巳被稱為「亞洲之牆」，優秀的一對一防守能力，果決的防守判斷能力，極具攻擊性的前插能力和勢大力沉的遠射能力，讓井原正巳成為令任何對手都頭痛不已的防守悍將，而他也常在關鍵時刻前壓進攻，甚至踢進關鍵性的進球。一九九四年廣島亞運上，在與韓國的八強賽當中，一比二落後的日本在下半場四十一分鐘時，靠著井原正巳一記超遠距離的重砲射門直接竄入球門死角，為日本扳平比分。雖然最後仍以二比三惜敗給韓國，錯失繼續邁進的機會，不過井原正巳的長射得分成為日本足球史上最令人難忘的進球之一。

從小在滋賀縣長大的井原，從小學開始踢球便是踢前鋒。優秀的進球能力讓他拿到了小學到高校，滋賀縣所有縣大會的冠軍。一直到大學時期首次進入日本代表隊也是以前鋒的位置入選。直到井原正巳踢U20國家隊時，教練才將他開始放在中後衛的位置上，也才造就了之後日本史上最偉大的中後衛。高大精實的身材、優秀的對抗能力、靈活的腳步和在場上給人的安定感，都在在顯示他能勝任中後衛這個位置的天分和潛質。在J聯賽成立前，井原已經加入日產汽車這支日本球壇的勁旅。而日本足球正式職業化後，日產汽車成為橫濱水手。井原正巳在一九九三年J聯賽史上首場比賽，橫濱水手與川崎綠茵的揭幕戰中理所當然成為首發中後衛，伴隨著日本足球進入新的時代。一九九五年井原正巳與隊上黃金陣容搭配當時的新人川口能活和松田直樹在總決賽擊敗川崎，首次奪得日職總冠軍。

一九九四年美國世界盃亞洲區資格賽最終輪與伊拉克的關鍵之戰，最後時刻的失球，導致日本錯失首次世界盃。「多哈慘劇」的這個夜晚，泣不成聲的隊長柱谷哲二身旁傷心不已的是也在這晚先發出場的井原正巳。正是經歷「多哈慘劇」，讓年輕的井原正巳獲得難得的經驗。一九九八年法國世界盃資格賽，一樣踢到最後一場比賽來決定日本能否首次踢進世界盃。接過柱谷哲二隊長袖標的井原正巳發揮穩定力量，為日本一掃「多哈慘劇」的陰霾，三比二，靠著延長賽的黃金進球，日本首次進入世界盃。電視前的柱谷哲二和場上的井原正巳興奮感動的眼淚將「多哈慘劇」封存於過往，迎來一個日本足球的新時代。

一九九五年，日本隊來到了倫敦溫布利球場與英格蘭隊交手。「亞洲之牆」的名號讓井原成為焦點，畢竟以中後衛身分獲得「亞洲足球先生」是難得的成就。而井原正巳也不負眾望，展現強大的防守能力，並以頭球攻破英格蘭隊的球門，成為生涯最高光的時刻之一。這位日本隊的傳奇隊長，一百二十二次作為日本隊長上場的紀錄，後來才被遠藤保仁所超越。退休後的井原正巳，也作為教練在足球場上繼續貢獻。從當年在琵琶湖畔踢球的少年，到書寫日本傳奇四號的偉大篇章，井原正巳的故事在告訴足球少年：男孩們，要胸懷大志！

# 30

# 迎向陽光的足球旅人

# 松井大輔

二〇一七年八月四日，三十七歲的松井大輔（Matsui Daisuke, 1981-）由Ｊ聯賽磐田山葉轉會波蘭乙級聯賽奧德拉奧波萊（Odra Opole）隊。這次的轉會創下了由Ｊ聯賽轉會歐洲聯賽最大年齡球員的紀錄。作為一位把挑戰自己視為人生志向的足球名將，松井大輔從來不選擇安逸，他的足球生涯就像一趟豐富的人生旅程，而這趟旅程的起點就是他人生的起點：京都。

作為土生土長的京都人，整個足球生涯大多都在國外漂泊的松井大輔，卻是在家鄉的京都不死鳥開始自己的足球生涯。他職業生涯的第一年就是如此地不平凡，隊上有著三浦知良這樣的超級球星，也有遠藤保仁這位偉大的自由球大師，更有十九歲的韓國球員朴智星（1981-）。但令人意外的是，雖然松井大輔踢出優異表現獲得最佳新人的殊榮，卻無法避免這支好手如雲的球隊最後降級的命運。松井大輔在生涯的第二年便獲得扛起球隊10號球衣的機會。雖然因為球隊降級，導致多位球星離隊，但他也不負所託地和韓國球員朴智星一起幫助球隊拿下J2冠軍，重回J1賽場。在京都的第三個賽季，松井大輔踢出更上一層樓的表現，搭配在日韓世界盃歸來後絕佳狀態的朴智星，京都不死鳥在天皇盃決賽擊敗鹿島鹿角拿下冠軍。松井大輔拿下職業球員生涯的第一個桂冠。

二〇〇四年，年輕的松井大輔作為適齡球員參加了雅典奧運會。雖然成績不理想，不過和世界好手的交手機會，讓他眼界大開，決定要把握旅外的機會，在雅典奧運會後轉會法乙的勒芒（Le Mans）隊。旅歐的首個賽季，松井大輔便展現絕佳的實力，幫助球隊奪得法乙冠軍，成功升上法甲。由於松井大輔超群的一對一突破能力，自信地利用自己極具破壞力的盤帶技巧幫助球隊攻城掠地，因此廣受球隊擁護者的愛戴，被球迷暱稱為「勒芒的太陽」。就像太陽能滋潤大地萬物一樣，松井大輔成為驅動全隊運作的絕對核心。連續多年穩定的表現幫助勒芒穩住球隊在法甲的席次，甚至他也曾拿下全季法甲第三多的助攻次數。二〇〇八年七月，松井大輔轉戰法甲強隊聖艾蒂安（Saint-Étienne）隊。原先為了想要有機會參加歐戰而做的轉會，卻得到不受總教練重用的對待，效力一個賽季後他便轉會格勒諾勃（Grenoble）隊。二〇〇九／二〇一〇年賽季在格勒諾布爾隊踢出亮眼表現，獲得日本隊主帥岡田武史的青睞，躋身二〇一〇年南非世界盃的最後大名單。松井大輔完成了從小到大追逐的夢想，進軍世界盃。松井在這首次，也是他唯一一次的世界盃征程中，幫自己留下了別具意義的歷史註記。在首場小組賽中松井大輔先發上場，並且貢獻了漂亮的傳球助攻給本田圭佑，攻進全場唯一的進球，幫助日本全取三分。作為主力的松井大輔幫助日本隊取得佳績進入十六強淘汰賽。

離開格勒諾布爾之後的松井大輔輾轉效力除了法國以外的多個國家聯賽，俄羅斯、保加利亞和波蘭，甚至近年也曾到越南踢球。這中間也回到日本效力磐田山葉和橫濱ＦＣ多年，不停歇地豐富自己的足球經歷。近年來，松井大輔也開始經營自己的YouTube頻道，將他豐富的足球知識和經歷分享給大眾。同時仍未退休的他，除了加入ＹＳＣＣ橫濱隊參加五人制聯盟Ｆ聯賽的賽事外，他更挑戰同時參加ＹＳＣＣ橫濱在J3的比賽。同時參加五人制和十一人制職業足球賽事，實現日本人歷史上少見的足球「二刀流」。這就是永遠對足球與人生挑戰充滿熱情的松井大輔，他的挑戰仍在繼續。

# 31

# 永遠的不老傳奇

# 三浦知良

二〇二二年十二月五日，日本隊在世界盃十六強戰中，戰至PK大戰惜敗克羅埃西亞，賽前身處克羅埃西亞札格瑞布（Zagreb）的日本記者，採訪當地球迷對於日本足球的印象，得到令人意想不到的答案：「我知道三浦知良（Miura Kazuyoshi, 1967-）曾經在札格瑞布發電機踢過球。」還有少年球員談道：「我記得我爸爸跟我說過King Kazu，我想要恭喜他，五十五歲還是職業球員真的非常不容易。」之後三天，日本足壇傳出一個令人驚訝的新聞，葡甲聯賽的奧利維倫斯體育會，對這位年過半百的日本足球國寶提出加盟邀請，看來他不可思議的傳奇故事還沒有打算畫下句點。

三浦知良足球生涯的前段，彷彿就是日本著名漫畫《足球小將翼》的取材來源。他的發跡故事也很傳奇，一九八二年在足球名校靜岡學園高就讀了八個月之後，年僅十五歲的三浦知良隻身前往森巴足球的發源地、加盟祖文特斯的十六至十七歲級青年軍。三浦知良在巴西的日子並不好過，當時球隊的教練認為他身材並不高大、技術也非一流，並不看好他能成為職業球員。但三浦知良挺下去，沒有放棄，終於在一九八六年，他與球王比利（Edson “Pelé” Arantes do Nascimento, 1940-2022）曾經待過的桑托斯ＦＣ簽下了生平第一份職業合約，後來也曾經被租借至帕梅拉斯並且回到日本參加麒麟盃，與當時擁有日本國腳奧寺康彥的文達不來梅交手，在當時的日本引起一陣轟動。

由於Ｊ聯賽即將成立，且為了能加入日本隊，達成世界盃夢想，三浦知良毅然決然回到日本，加盟讀賣足球俱樂部（東京綠茵的前身）。在一九九三年Ｊ聯賽成立後，他用大量進球和特立獨行的「Kazu舞」風靡全日本，成為Ｊ聯賽創立初期的招牌球星，甚至連海峽彼岸的台灣，也有許多粉絲因為他而開始追隨Ｊ聯賽。然而，三浦知良的世界盃之夢卻命運多舛。在一九九四年，挾著Ｊ聯賽的熱力挑戰世界盃資格賽的日本隊，在三浦知良的十三個進球的引領下，來到美國世界盃的大門口，但卻發生了著名的「多哈悲劇」——在關鍵的對伊拉克一戰，他進球幫助日本取得領先，最終卻在傷停時間被追平，三浦知良夢斷多哈。

四年後的法國世界盃資格賽，三十歲的三浦知良依舊是不動主力，只是在這趟資格賽之旅，他的表現起伏，在最終階段他演出大四喜幫助日本戰勝烏茲別克，但此後就陷入進球荒。最後雖然在總教練岡田武史臨危受命領軍下，日本順利擊敗伊朗，闖進世界盃，但三浦知良卻是備受質疑。就在一九九八年世界盃前夕，他與北澤豪、市川大祐（Ichikawa Daisuke, 1980-）被岡田武史排除在法國世界盃二十五人名單外，引起一片譁然，King Kazu 的世界盃夢再度破碎。而到了二〇〇二年，三浦知良的狀態大不如前，相對於同屬「杜哈世代」的中山雅史的老而彌堅，總教練特魯西埃更是毫不留情地將他排除在日韓世界盃名單之外。在二〇一二年，三浦知良終於圓了他的世界盃之夢，只是四十五歲的他，是以五人制國家隊的身分參戰世界盃。三浦知良對於世界盃的執著與追求，從此成為在日本一再被傳誦的淒美傳說。

三浦知良對於世界盃的執著，也同樣地反映在他的職業生涯。一九九四年七月，他被租借至義甲的熱那亞，當時雖被揶揄是「因為贊助商 KENWOOD 的錢」，但他卻攻進了亞洲人在義甲聯賽的第一球。此後，從川崎綠茵開始，三浦知良經歷札格瑞布發電機、京都不死鳥、神戶勝利船、橫濱ＦＣ，甚至到過雪梨ＦＣ，即使出場次數減少也不言退。就在二〇二〇賽季，橫濱ＦＣ回到J1，引起極大轟動，因為——「那個男人回來了！」雖然歲月催人老，但三浦知良仍在二〇二一年奮力留下五十四歲又十二天的J1最年長出賽紀錄。二〇二二年，在橫濱ＦＣ降級後，三浦知良來到兄長、前國腳三浦泰年（Miura Yasutoshi, 1965-）經營的鈴鹿得分手繼續現役生涯。這一路行來，三浦知良的堅持並不全是獲得讚嘆，多得是「為了紀錄每年出賽一兩場值得嗎？」「不要再占走年輕人機會！」「早已沒有職業足球員的能力！」等質疑與訕笑。而最近傳出轉會新聞的奧利維倫斯體育會，其實也是與橫濱ＦＣ同一集團的俱樂部，相信「靠關係苟延殘喘」的批評聲浪仍不會少。但是，即使面對毀譽參半的評價，他仍然會堅持下去，因為，他是執著追夢的男人——King Kazu。

# 32

# 見證悲劇的領袖

# 柱谷哲二

二〇二二年世界盃亞洲區資格賽最終輪，日本隊一度一勝二敗面臨危機，在當時，總教練森保一（Moriyasu Hajime, 1968-）被批評到體無完膚。「如果受不了，就辭職吧，我很羨慕他有這種壓力。作為一個在這樣的世界戰鬥過的人，我想再次品味那種緊張和壓力。大家會如此批評國家隊教練，代表日本足球已經成熟。」敢說出這番話的人，倒也不是夸夸其談，他是夠格的，他是森保教練的「前室友」：前日本隊長柱谷哲二（Hashiratani Tetsuji, 1964-）。

在一九八〇年代末、一九九〇年代初，日產自動車（橫濱水手前身）總教練加茂周，將柱谷調教為日本足壇防守中場第一人。然而，在J聯賽成立前夕，他下了一個極大的決定，在拉莫斯・瑠偉的慫恿下，他以年薪七千五百萬日圓的翻倍身價，加入川崎綠茵，成為橫濱水手的最大勁敵。而柱谷之所以加入綠茵，除了高薪之外，更是為了讓自己成長，朝一九九四年美國世界盃的夢想邁進。

柱谷哲二有「鬥將」的稱號，在球場上長年以隊長身分鼓舞隊友。而一九九二年奧夫特（Marius Johan Ooft, 1947-）接掌日本國家隊帥印之後，他被指名為隊長。「我從小學就當隊長，小時候作文寫過想當日本隊隊長，所以我很高興……但等一下——」對時值二十七歲的柱谷來說，不管年長、年輕，當時日本隊難搞的球員可是一大票。「像是拉莫斯，對吧，還有松永哥（成立）、吉哥〔吉田光範（Mitsunori Yoshida, 1962-）〕、Kazu（三浦知良）、小福（福田正博、小北（北澤豪），很辛苦啊哈哈哈!……」他接受Number雜誌的訪問時苦笑道。

而這支難搞的日本隊，就在柱谷帶領下，緩步往世界盃邁進；他不僅要在場上組織隊友，也要協調奧夫特與拉莫斯為首的球員們間的衝突，若沒有柱谷哲二，就沒有團結前進的日本隊。一九九三年八月，就在一九九四年世界盃亞洲區資格賽最終輪賽前，柱谷累倒了，他罹患了病毒性肝炎，還因此入院數週，到十月初才回到正式賽場上，緊接著，就是拖著病體前往卡達參加資格賽最終輪。在前兩戰二連不勝的低迷後，藍武士強力反彈，連勝朝鮮、韓國，以第一名的姿態迎向對伊拉克的最終戰，柱谷距離世界盃只剩一步，就在此時，世界盃已不再是夢想，而是明確的目標。然而，最終等著這位鬥士的卻是無窮盡的悲傷。

作為「多哈悲劇」的見證者之一，伊拉克一戰的補時，就像是無比漫長的黑暗夢魘。當時，日本還以二比一領先。「no, time!」「finish, finish!」拉莫斯和柱谷不斷提醒著裁判，只要吹響比賽結束的哨音，日本隊就能前進世界盃了！然而，還有一個角球。「我不認為伊拉克會選擇開短角球，只要守住禁區內就沒問題了！」「只要球往我這邊來，我一定會頂出去！」「贏球的話，我要把球拿去獻給川淵〔三郎（Kawabuchi Saburou, 1936-）〕先生！」柱谷心底這樣想著，但接下來，一切彷彿都靜止了，皮球越過了球門線……。「騙人的吧？這是騙人的吧！」鐵漢隊長當場淚崩。

「那個角球開出時，近柱的堀池（巧）（Horiike Takumi, 1965-）被吸引出去，如果他在原來位置上應該可以把球頂出去！」「如果我去守，一定不會讓角球開起來！」「如果松永（成立）把球接住，不要讓球出底線變成角球的話……」有太多的不甘，遺留在日本隊長的心底。二十九年後，同樣在多哈，柱谷的前室友森保教練，率領著日本隊先後逆轉戰勝德國、日本，闖進世界盃十六強。「多哈，悲劇的舞台，變成歡喜的舞台了！」柱谷哲二喜不自勝地說道。這句話從見證悲劇的領袖嘴裡說出，自然更是寓意深長。

# 33

# 漢堡最強東洋前鋒

# 高原直泰

二〇二三年三月十二日，對於沖繩ＳＶ來說是個大日子，這是他們在ＪＦＬ的首戰，下半場第二十二分鐘，一個頂著大光頭的老前鋒替補登場。「他一上場，比賽氣氛就不一樣了！」對手本田ＦＣ的門將楠本祐規（Kusumoto Yuki, 1993-）如是說。這名老將，身兼沖繩ＳＶ的ＣＥＯ、總教練、球員，還是個咖啡農，這有點意思，但之所以能震懾全場，只因為他是曾經威震德國的日本傳奇前鋒——高原直泰（Takahara Naohiro, 1979-）。

高原直泰可說是日本足壇罕見的、能站穩歐足賽場的全能前鋒。現今歐足，日本鋒線好手並不罕見，如在英超布萊頓大放異彩的三笘薫（Mitoma Kaoru, 1997-），在蘇超賽爾蒂克進球如麻的古橋亨梧（Furuhashi Kyogo, 1995-），還有西甲的久保建英（Kubo Takefusa, 2001-）、德甲的鎌田大地（Kamada Daichi, 1996-）等。但二十年前，東瀛足球員實力尚未被歐陸各大聯賽認可，只有技術超群的中田英壽稱得上世界級球星，一向被評為單薄、把握力不足的日本前鋒更難以在歐洲立足。因此，高原能以前鋒角色在德甲聯賽有一席之地，堪稱日本足球的劃時代成就。

高原直泰除了左右腳射術均優，且有持球技術、能突破對手防線外，他更有不錯的身材與衝撞力，頭錘能力更是日本球員中最傑出的，也因此能在一九九八至二〇〇二年的J聯賽大殺四方，和中山雅史組成磐田山葉的「J最強雙箭頭」。二〇〇一年，高原被租借至博卡青年，成為挑戰阿根廷聯賽的東洋第一人，只是後來因阿根廷經濟危機而回國。二〇〇二年日韓世界盃原是高原直泰大展身手的良機，但卻因經濟艙症候群而錯過，成為日本球迷眼中的最大遺珠。但實力超群、勇於挑戰的高原終獲得另一次旅外機會，二〇〇三年，他加盟德甲的漢堡，成為繼風間八宏（Kazama Yahiro, 1961-）、尾崎加壽夫（Ozaki Kazuo, 1960-）之後，第四位挑戰德甲的日本球員，也是睽違十四年再有日本人叩關德甲。

而高原直泰也不負厚望，迅速在德甲站穩。二〇〇三年二月，他面對拜仁慕尼黑攻進德甲生涯首球，而這球讓當時處於巔峰的拜仁門神卡恩（Oliver Kahn, 1969-）保持的聯賽不失球紀錄中止在八百零二分鐘，更是平成時代日本球員的第一個德甲進球。高原在德甲經歷漢堡、法蘭克福兩支俱樂部，雖有起伏但常有佳作，二〇〇四／二〇〇五賽季他以七個進球成為漢堡當家前鋒，二〇〇六／二〇〇七賽季，他在面對亞琛的比賽中完成日本人在德甲的第一個帽子戲法，當季他也攻進十一個入球，成為繼中田英壽之後在五大聯賽單季兩位數進球的日本球員，更獲球迷票選為該季法蘭克福MVP。高原直泰在德甲的表現讓他獲得「壽司轟炸機」的美名，高原讓德國人認可日本足球的實力，進而開啟他們的旅德之門，也將日本前鋒的天花板提升到全新高度。

而在國家隊，高原以王牌前鋒身分圓夢二〇〇六年世界盃，雖然最終顆粒無收，但在歐陸練就的一身本事回到亞洲可就橫行無阻；二〇〇七年亞洲盃，高原直泰轟進四球，成為日本首位亞洲盃金靴。只是，接下來就是他生涯下坡的開端，先是膝傷，然後被法蘭克福主帥豐克爾（Friedhelm Funkel, 1953-）排除在主力陣容之外，最終回到亞洲浮沉；而國家隊生涯也受到職業低潮影響，在岡田武史執掌教鞭後，他出場機會逐步被限縮，二〇〇八年五月之後再也沒入選，日本鋒線正式進入本田圭佑、岡崎慎司（Okazaki Shinji, 1986-）時代。

就跟三浦知良一樣，高原直泰也有執著的獨特足球魂，從浦和紅鑽、水原三星、清水心跳、東京綠茵，到ＳＣ相模原，從J1、Ｋ聯賽、J2，到J3，但他從不言引退，用自己的方式延續著足球生涯。二〇一六年，他與人合資成立沖繩ＳＶ（ＳＶ源自於漢堡隊的簡稱ＨＳＶ），還以俱樂部協作單位的方式成立農場栽種咖啡，以「沖繩名產咖啡」為目標。高原直泰，這位替日本敲開德甲之門的前鋒，也許也會為日本咖啡開啟新頁，誰知道呢？

# 34

# 冷靜堅忍的平成鐵門

# 楢崎正剛

六百三十一場頂級聯賽出賽，這對於職業足球員來說，是不可思議的數字。而有一個男人，無論風雨，不管是奪冠或降級，二十四年間，在J聯賽的賽場上，六百三十一次鎮守球門線；他，就是楢崎正剛（Narazaki Seigo, 1976-）。也許，六百三十一這個數字會被超越，但「平成最多出賽」的稱號，永遠屬於楢崎正剛。

在楢崎正剛職業生涯的二十四個賽季中，有二十季效力於名古屋鯨魚，除了二〇一八年，生涯的最後一個賽季，零出賽之外，他每季至少要替鯨魚把守二十五場比賽的大門。「專一、忠誠、穩定」可以說是正剛風格的最佳寫照，但其實，若非一個椎心刺痛的轉折，楢崎正剛或許會在生涯的第一支俱樂部——橫濱飛翼終其生涯也未可知。「那天早上，原田先生〔原田武男（Harada Takeo, 1971-），前飛翼球員〕打給我說：『球隊被消滅了！』這種事情真的讓人難以理解。」橫濱飛翼因母企業財務狀況不佳被橫濱水手合併，母隊即將消失，楢崎正剛仍和山口素宏（Yamaguchi Motohiro, 1969-）、波戸康広（Hato Yasuhiro,

1976-）等隊友們鼓起餘勇，在橫濱飛翼俱樂部的最終戰、也就是一九九九年一月一日的天皇盃決賽中，擊敗清水心跳奪冠，留下有始有終的美談。楢崎正剛對橫濱飛翼的用情極深，他曾表示，想一輩子保持「前東家是橫濱飛翼」的身分，而也的確，正剛始終也沒有再從名古屋鯨魚轉會過。

楢崎正剛在名古屋鯨魚的生涯可說是紀錄之旅，二〇〇九年七月二十五日對浦和紅鑽，他成為第一位達成「J聯賽例行賽一百完封」的門將。二〇一三年五月六日對仙台七夕，正剛完成了生涯第五百一十二場聯賽，超越伊東輝悅，成為J聯賽史上出賽最多的球員。楢崎正剛不僅出賽穩定，門線上的堅實表現更是令人敬佩，六屆年度最佳十一人（四次在名古屋）、十度聯賽優秀球員（八次在名古屋）；他除了在一九九九年幫名古屋鯨魚拿下天皇盃之外，二〇一〇年更是大顯神威，幫助名古屋拿下聯賽冠軍，自己也成為J聯賽史上第一位以門將身分獲得的年度MVP。楢崎正剛職業生涯的高度、長度、穩定度，絕對都能以偉大來形容。

聞名於世的日本漫畫《足球小將翼》中，有兩位風格迥異的日本門將——若林源三（Wakabayashi Genzo）和若島津健（Wakashimazu Ken），其中若島津的職業生涯設定就是參考楢崎正剛（橫濱飛翼、名古屋鯨魚），「守之若林，攻之若島津」的瑜亮情結也讓人津津樂道。而作為門將，楢崎正剛常被拿來和長他一歲的川口能活相提並論，他冷靜、穩定的風格，和川口的靈活、迅速、華麗形成對比，媒體也將他們塑造成「動之川口，靜之楢崎」漫畫般的競爭對手。也可以說，楢崎正剛的國家隊生涯，就是與川口能活的競爭史。

這兩位東瀛門神的緣分極深，就在橫濱飛翼被橫濱水手合併之時，川口能活就是水手的守護神。在楢崎的國門生涯初期，也是被川口所壓制，一九九八年世界盃，正剛就是在板凳上度過。但接下來「白色魔術師」特魯西埃（Philippe Troussier）接掌日本隊兵符之後，他逐漸獲得出場機會，就在二〇〇二年日韓世界盃，楢崎正剛終於超越了川口、在家鄉父老面前站上第一號門將大位；就在正剛的守護之下，日本隊戰平比利時獲得歷史第一分積分，然後以一比零完封俄羅斯，拿下歷史首勝，更因此挺進十六強，楢崎正剛成為國家英雄。接下來，在「白比利」齊哥（Zico）執教初期，正剛依舊是不動的1號，但因為傷病，二〇〇四年亞洲盃，先發門將位置又再度回到川口能活手上，直到二〇〇六年德國世界盃，正剛都只能再度以替補身分參戰。二〇一〇年南非世界盃前夕的熱身賽，楢崎正剛對於高地氣候的調整不及，再度交出先發位置，宿敵川口能活雖然入選，但也未出賽，自此拿下日本第一號國門位置的是年輕的川島永嗣，藍武士的「楢崎—川口時代」正式結束。

二〇一七賽季，即使名古屋鯨魚降級至J2，楢崎正剛依舊沒有離棄、幫球隊鎮守大門，但至季末，他被武田洋平（Takeda Yohei, 1987-）所取代；二〇一八年，即使名古屋回到頂級聯賽，楢崎正剛再也沒有出場機會，這位堅忍的鐵門，終究也興起了退休的念頭。「請繼續踢下去，請連我的份一起努力。」在二〇一八年末，川口能活在退休儀式中對著這位長久以來的好對手說道。但正剛真的累了，一個月後，他也宣布退役，在楢崎正剛的退休儀式上，這次輪到川口笑盈盈地獻花給他。

現在，楢崎正剛成為J聯賽首位俱樂部特別院士（Club Special Fellow），不僅要扮演親善大使的角色，也擔負起為日本足球界培養門將後進的責任。有媒體問，長達二十四年的職業足球員生涯，切換到現在的生活會不習慣嗎？「不會耶，角色轉換意外地很輕鬆。」他依舊一派淡然。這就是楢崎正剛，永遠冷靜、穩定、堅忍的東瀛守護神。

35

# 纖細而堅韌的足球職人

# 中村俊輔

二〇〇二年世界盃前夕，日本隊公布最終名單。「中村俊輔（Nakamura Shunsuke, 1978-）落選！！」這消息震驚日本全國。這位雪梨奧運主力中場、二〇〇〇年亞洲盃最佳十一人、二〇〇〇年J聯賽年度最佳球員、二〇〇〇年日本年度最佳球員，竟然被總教練特魯西埃（Philippe Troussier）摒除在最終名單之外。對比起當時澀谷東急百貨東横店外牆上、身著國家隊球衣的中村俊輔巨大肖像，是多麼大的諷刺。被媒體追逐的俊輔，只能以泫然欲泣的憂鬱男孩模樣面對鎂光燈，讓人擔心著，這位看似纖細敏感的東瀛足球金童，是否會就此一蹶不振？

中村俊輔出身於體育風氣興盛聖的神奈川縣橫濱市，中學時雖然通過合格率僅約百分之二的日產（後來的橫濱水手）青少年隊甄選，但因為身材瘦小而無法升上青年軍，是故他只能往學校系統發展，高三時代表桐光學園高拿下全國第二名。即便是一年後在橫濱水手拿下J聯賽最佳新人時，俊輔的體型纖瘦依舊，看似弱不禁風，但腳法細膩、富含技術與創造力，讓他僅花三年就以史上最年輕之姿奪下J聯賽年度MVP，成為日本最頂尖的10號位球員。

相較起中田英壽的巨星風範、小野伸二的陽光爽朗，中村俊輔個性纖細內斂、沒有那麼擅長面對媒體。因此，絕緣二〇〇二年世界盃後，不禁讓人擔心俊輔能否承受這殘酷事實，甚至懷疑他會就此沉淪。的確，這件事讓他大受打擊。「我看不下世界盃（日本的比賽），就因為看不下，所以我逃到韓國去。」「我想看席丹（Zidane）踢球，所以一直去追法國隊的比賽。」但出人意表地，俊輔很快收拾自己的心情，把心中的那份敏感導向正確的方向。「我要充分運用這次的經驗。」他心念一轉，兩個月後，加入義甲的雷吉納。「我知道我哪裡不夠好，我知道我沒做到特魯西埃想要的，我把這些都好好整理一遍。」二十年後俊輔反而感謝起這段經歷：「但我當時並不明白，想說他在想什麼啊，但我後來到國外踢球才理解到。」「就是我身體不夠強壯，二〇一〇年世界盃時也是這樣，日本隊也是挑能夠跟強壯對手抗衡的選手。」

中村俊輔在義大利迅速立足，三年內，他讓雷吉納拿下隊史最佳聯賽成績，自己也被《米蘭體育報》選為俱樂部史上最佳十一人。「中村就像巴治歐（Roberto Baggio, 1967-）一樣，能踢前鋒，也能踢中場，是優秀的選手，能突破後衛線，也能傳球。」當時主帥馬札里（Walter Mazzarri, 1961-）這樣形容他。俊輔在生涯下一站、蘇格蘭的塞爾提克更是綻放光華，用自由球建立不朽威名。首季他幫蘇超豪門重奪聯賽冠軍，二〇〇六／二〇〇七賽季，俊輔在生涯歐冠第一戰面對曼聯就技驚四座，他的黃金左腳讓皮球越過人牆後直竄球門右側，門將范德薩（Edwin van der Sar, 1970-）只能眼睜睜看球入網。兩個月後主場面對紅魔，俊輔故技重施，同樣是射右柱，此次范德薩已有所防範，但這次射門更加刁鑽，旋入右邊側網，荷蘭門神盡力撲救依舊鞭長莫及，塞爾提克就靠這一神射一比零力克曼聯。連曼聯名帥佛格森（Alexander Ferguson, 1941-）都讚嘆不已的這兩球讓俊輔在蘇格蘭球迷心中封神，而該季他也用助攻王的表現幫球隊連霸，自己更拿下「蘇格蘭足球先生」的榮耀，日本旅歐傳奇名將的地位已然確立。

中村俊輔最為人稱道的絕技就是黃金左腳開出的自由球，就在二〇〇六／二〇〇七賽季，他單季出現七記自由球進球，在日職生涯中更是多達二十四次罰球直接破門。經筑波大學的淺井武（Asai Takeshi）教授研究，俊輔的自由球迴轉高達每秒七・五轉，球速更是高達世界級的時速一百公里，在二十五公尺的移動距離中產生三公尺以上的橫向位移，成為綠茵場上罕有的絕世神兵。

但遺憾的是，中村俊輔的自由球技藝在世界盃並沒有多少發揮機會，僅有在二〇〇六年因澳洲門將施瓦澤（Mark Schwarzer, 1972-）判斷失誤造成傳中意外進球；二〇一〇年世界盃前再度受傷，讓他僅替補上陣一次而無建樹。而在二〇〇九年轉會西班牙人之後，中村俊輔的狀態也急轉直下，八個月後他回到橫濱水手。事實上，俊輔的職業生涯也常為傷疾所苦，因此，當二〇一九年，四十一歲的他加盟橫濱FC，與五十二歲的三浦知良組成「不老連線」時，著實讓人驚異且感動。看似柔弱、敏感、身心都易受創的纖細男子，竟能在職業足球堅持二十五個年頭，這就是充滿韌性的東瀛足球職人——中村俊輔。

# 36

# 超越足球的藍武士奇才

# 中田英壽

二〇二二年卡達世界盃，日本隊連創兩大「奇蹟」，小組賽先後打敗前世界冠軍西班牙和德國；二十年前的日韓世界盃，藍武士首次出線淘汰賽，陣中有幾名劃時代的代表人物，其中一個就是中田英壽（Nakata Hidetoshi, 1977-），影響力堪比英格蘭「萬人迷」貝克漢。

山梨縣出生的中田英壽，也許是現代人口中的「人生勝利組」，不僅自小展露出足球天賦，讀書成績也總是名列前茅，品學兼優。正如無數日本小孩一樣，他受到經典漫畫《足球小將翼》影響，自小就立志想做足球，一開始擔任前鋒，後來才轉型為攻擊中場。

時間回到一九九三年，首支以日職為骨幹的藍武士挑戰世界盃資格賽，坐擁三浦知良、北澤豪、中山雅史、井原正巳等一九九〇年代名將，可惜在最後一刻失諸交臂，也是日本足球無人能忘記的「多哈悲劇」。那年，十六歲高中生中田英壽，已經入選日本U17，翌年十一月最後一次出戰全國大賽，打進決賽，面對帝京三高校，互射十二碼敗北。

中田決賽上製造其中一個進球，引起十一支日職球隊高度關注，最終選擇簽約平塚比馬（即今日湘南比馬）。那年代，這名小子雖是10號，打法卻不似傳統10號，擅長高速推進，傳球準繩，後上得分能力超卓，而且身體對抗性不遜於歐洲和南美球員。

中田英壽在平塚比馬與一代右後衛名良橋晃、巴西裔歸化兵呂比須、門將小島伸幸、韓國史上最強清道夫洪明甫（1969-）做隊長。哪怕登陸日職時只有十八歲，他不久已成為中場核心，領軍贏得亞洲盃賽冠軍盃，成為亞洲足壇閃耀新星。一九九六年奧運會，「徒弟」日本爆出世紀大冷打敗「師父」巴西，中田就是陣中主力。

一九九八年世界盃，日本首次躋身決賽圈，中田在所有比賽正選披甲，隨後得到阿森納、尤文圖斯等豪門招手，但卻選擇義甲的佩魯賈，更在開幕戰面對尤文時梅開二度，平地一聲雷。之後，他轉投羅馬，拿下隊史最近一次聯賽冠軍，成為首位奪得義甲的日本外援，證明亞洲人能在歐洲主流聯賽擔當重要位置，此前日韓球員往往難在前鋒、中衛或中場取得主力。

中田英壽自二〇〇一年轉投帕爾馬，刷新亞洲球員的轉會紀錄，足足保持十四年之久，之後效力過波隆那、佛倫提拿，生涯最後一支球隊是英超的博爾頓。他曾經兩度當選「亞洲足球先生」，在國家隊披甲七十七場，踢進十一球，並在二〇〇六年世界盃打滿三場小組賽，更在對克羅埃西亞時獲得比賽最佳球員。

由球場內到外，他也是獨立特行的人，從不隨波逐流，二〇〇六年世界盃後突然宣布高掛球靴，當時未滿三十歲。他天生俊朗，懂得打扮，曾經是最有人氣的亞洲球星，退後轉戰時尚界，再轉到飲食界，親自走訪二百多間酒廠後，二〇一五年成立自家清酒品牌，如今已經闖出名堂。「人生如旅程，旅程如人生。」他的退役宣言言簡意賅，做人要懂得知所進退，凡事只要專注去做，總會邁向成功。

237 ㊱ 超越足球的藍武士奇才：**中田英壽**

# 37

# 歸化

## 從心開始

# 三部

## 主

一九九〇年代，藍武士日本成為亞洲數一數二的勁旅之前，曾經啟動「學習巴西」模式，不僅踢法上以森巴風格為藍本，甚至主動出擊歸化多名森巴兵，成功例子中少了他的名字——原名亞歷山德羅・多斯桑托斯（Alessandro dos Santos, 1977-）的三都主。

三都主生於一九七七年，來自巴西馬林加（Maringá），父親是前職業球員，早在十歲就接受正式訓練，十六歲上演處子秀。一九九三年夏天，他做出了改變人生的決定，報考在巴西招收留學生的日本名德技高中，一年後連同三名海外生一起入讀。由於是插班生，他起初在高中學界寂寂無名，憑實力打出名堂，一九九七年獲清水心跳簽入，兩年後獲得日職年度最佳球員，以二十二歲刷新最年紀獲獎紀錄。

三都主原本是後衛，後來改踢中場，二〇〇四年轉投浦和紅鑽，期間曾租借給奧地利薩爾斯堡紅牛（FC Red Bull Salzburg），隨後效力過名古屋鯨魚、ＦＣ岐阜等，直至二〇一五年重返巴西，先後為兩支馬林加球隊效力。他在二〇〇一年入籍日本，改了別具意思的名字，發音是Santos的諧音，同時「三都」是融入了巴西（出生地）、高知（留學）和清水（清水）在內。

「齊哥（Zico）是我去日本的原因，但也沒想過會被清水選中，尤其是加盟時，球隊陣中已有三名很出色的外援。」生於日本出產大量高素質邊衛之前，三都主一度在日職鶴立雞群，飛快速度，突破力強，效力清水心跳時通常擔任左翼，攻入五十六球之多，並為紅鑽和名古屋拿到聯賽冠軍。二〇〇二年，他首次披上藍武士戰袍，踢過同年世界盃，之後巴西主帥齊哥走馬上任，三都主被改造為左翼衛或左後衛，成為當時少數具翼鋒攻擊力的日本後衛。

「在日本，我找不到比三都主更出色的左後衛。」前日本總教練奧西姆（Ivan Ivica Osim, 1941-）曾說。他為藍武士上陣八十二場，踢進七球，兩度征戰世界盃，也是二〇〇四年亞洲盃冠軍功臣。二〇〇一年，正值當打（二〇〇七年到奧地利時已經過了高峰）的他透露，收到歐洲勁旅的邀請，惟因當時已經申請歸化手續，唯有放棄更上一層樓的機會，但他沒有一點後悔，皆因在這段日子邂逅到日本妻子，兩年後結婚，並生下了四名孩子。

很多人說沒有血緣的歸化兵，不過把愛國當成「工作」，但三都主卻是真心熱愛日本，來自靜岡的妻子多年後憶述兩人相識時根本不知道他是有名的足球員，「我不看足球，真的不認識他，後來我要求他見家長，說這是日本人的文化。」有一日，她下班回家後，居然見到三都主在家中與父母一起喝茶。「事前他沒有告訴我，但卻讓我知道他是認真對待這段關係，是可以託付一生的男人。」

三都主退役後，做過靜岡湖西市的高中教練，亦擔任過兵庫縣加古川市的觀光大使，二〇二〇年開始在巴西經營一支足球隊Arco Sports Brazil，當中已有五名球員獲巴甲簽約，致力培育新一代接班人。命運在重演？長子與父親一樣在十六歲那年，由巴西前往日本入讀高中，挑戰日本學界足球殘酷的生存遊戲。

# 38

# 敢於挑戰的前鋒

西澤明訓

日本足球於二十一世紀逐漸成熟，截至二〇二二年十二月共有超過一百六十名球員旅外，留洋覓挑戰已成常態，一九九〇年代旅外人數屈指可數，前日本國家隊前鋒西澤明訓（Nishizawa Akinori, 1976-）雖然談不上是傳奇級球員，旅歐仕途也不算順遂，但敢於挑戰、特立獨行的性格成為一眾後輩借鏡，也見證著「藍武士」開始起飛的時代。

西澤明訓於一九七六年出生於靜岡縣清水市，從小對足球產生興趣，小學時代加入清水ＦＣ（清水心跳前身）的青訓體系，直至一九九五年轉投Ｊ聯賽大阪櫻花，正式踏上職業足球路，加盟半季迎來首次旅外的機會，外借往荷蘭球會ＦＣ沃倫丹（Volendam），儘管這趟旅程未有比賽機會，仍讓年輕的他大開眼界，外借歸隊的西澤明訓於一九九六年賽季正式登場，於聯賽及盃賽共出戰二十八次攻進八球，對二十出頭的初生之犢來說及格有餘。翌年五月更首度獲國家隊征召，於面對韓國的國際友誼賽上演「debut（處女秀）」，聲名初起的西澤在隨後四季亦蛻變成大阪櫻花首席鋒將，進球數字亦穩步上揚。

二〇〇〇年賽季，西澤明訓迎來生涯年，憑著細膩技術、埋門觸覺及射術，兩階段的Ｊ聯賽為大阪櫻花轟進十五球，與中場大腦森島寬晃看齊，年底更成為日本隊於亞洲盃決賽圈的主力前鋒，西澤於賽事攻進五球，帶領球隊過關斬將至決賽，最終擊敗沙烏地阿拉伯，繼一九九二年後再登亞洲之巔。

優異的表現獲歐洲球會垂青，最終他以約六十萬歐元身價加盟西甲的西班牙人（RCD Espanyol），成為繼城彰二後，第二位登陸西班牙頂級聯賽的日本人；加盟兩週後對陣拉斯帕馬斯（Las Palmas）迎來旅歐首秀，只是球隊已有首席球星塔穆多（Raúl Tamudo, 1977-）前線擔綱，西澤長遠發揮機會不多；各項賽事僅獲三次正選、五次替補，共上陣兩百四十七分鐘，未能錄得進球或助攻；半年後西班牙之旅告終，二〇〇一年夏天轉往英超的博爾頓，惟因傷疾困擾不獲重用，更從未於聯賽上陣。旅歐受挫的西澤於二〇〇二年冬季轉會窗返回成名地大阪櫻花，保持比賽狀態。

這時的大阪櫻花已降至J2聯賽，即使旅歐失敗、患上闌尾炎等因素，西澤仍順利入選二〇〇二年世界盃日本隊的大軍名單當中，但已非兩年前亞洲盃的主力身分。東道主日本隊首度於分組賽突圍而出，西澤未獲上陣機會，直至晉級十六強面對土耳其才正選踢滿全場，但沒有建樹，終以零比一飲恨出局；適逢日本球壇新星湧現，西澤自此再未獲國家隊征召；總結國際賽生涯上陣二十九場，攻進十球，一次亞洲冠軍及一次世俱盃決賽圈體驗，在當時日本隊來說已是不俗的成就。

回到球會賽的西澤明訓繼續保持進球率，帶領大阪櫻花重返日本頂級聯賽，隨後四季為球隊於各項賽事取得四十四個進球後，於二〇〇七年轉投家鄉球隊清水心跳效力兩季，直到二〇〇九年第三度披上大阪櫻花戰衣征戰生涯最後一季，季末球隊獲得重返J1聯賽資格後，以三十三歲盛年高掛球靴。

西澤明訓球員時代，只要效力球會的球衣有衣領，便會把它弄到站起來比賽，顯示出獨特個性，退役後也沒有像一眾球員轉型擔任教練的想法，他曾接受訪問時笑言：「不太懂得教別人踢足球。」掛靴後曾擔任大阪櫻花宣傳大使，其後以經理人方向發展，參與球員事務，同樣曾旅歐的前鋒大久保嘉人亦是客戶。西澤接受訪問：「當我在歐洲踢球的時候發現沒有經理人的難處，而且我很希望更多日本後輩在歐洲立足，故此想要幫助他們。」

# 39

# 進球如麻的森巴射手

# 呂比須

日本足壇近四十年飛速發展，從業餘聯賽經過長遠發展，現已在世界足球上占一席位，從足球強國引援正是急速進步原因之一，大部分外援履行合約後大多回歸，留下成為歸化入籍球員寥寥可數。巴西裔的傳奇射手呂比須正是繼瑠偉（Ramos Rui）後，日本國家隊史上第二位入籍球員，更見證日本足球從業餘步向職業體制。

呂比須原名Wagner Augusto Lopes，一九六九年一月二十九日於巴西聖保羅州出生，出身自家鄉勁旅聖保羅（Sau Paulo）青訓體系，即使十七歲獲擢升至一線隊，惟隊內競爭激烈，司職中鋒的呂比須難逃坐板凳命運。一九八七年國腳級隊友前輩奧斯卡（José Oscar Bernardi,1954-）轉往日本發展加盟日產汽車（橫濱水手前身），在他的引薦下呂比須碰碰運氣一起前往日本。當時奧斯卡步入球員生涯黃昏到日本「養老」，而呂比須卻是因為這次決定成就事業起點。

來到地球的另一端，呂比須雖然在日產汽車的三季中贏得當中兩季日本足球聯賽（ＪＳＬ）冠軍，但其進球數字僅得十二球；直至一九九〇年轉投日立

（一九九三改名為ＦＣ日立柏雷素爾，一九九六年改名為柏雷素爾），呂比須完全釋放驚人的進球能力，效力五季共攻進八十五球；及後效力過ＦＣ本田、平塚（湘南比馬前身）、名古屋鯨魚、ＦＣ東京及福岡黃蜂，均能保持高效進球率。在日本聯賽十六年期間，出戰三百四十九場聯賽（包括非職業級別）攻進兩百三十九球。而一九九七年效力平塚與年輕天才中田英壽合組的攻擊組合，更讓球迷津津樂道，奠定日本球壇的球星地位。

呂比須踏足日本五年後，早在一九九二年申請加入日本國籍，直至五年後正式獲得身分，稱呼也由原姓Lopes的讀音演化為漢字的「呂比須」，並獲時任日本國家隊領隊加茂周徵召，畢竟巴西裔的他擁有本土球員欠缺的技術和元素。世界盃資格賽是其首個出戰的國際賽，當年主要與三浦知良合作雙前鋒攻堅及擔任替補前鋒。呂比須在客場對陣烏茲別克一役取得作為日本代表的首個進球，整個系列賽錄得兩個進球一個助攻；附加賽戰勝伊朗三比二的晉級關鍵戰，更是承受喪母之痛替補上陣，為日本隊首度打進世界盃決賽圈做出貢獻。

一年後，日本隊由岡田武史率領參與首個世界盃決賽圈，呂比須順利入選大軍名單。經歷首兩場小組賽失利，呂比須在最後一場小組賽對陣牙買加替補入替城彰二，於七十五分鐘為射手中山雅史送上助攻破門，攻進「藍武士」世界盃歷史上第一球。隨著高原直泰、柳澤敦等鋒線新血湧現，呂比須的國家隊生涯也在一九九九年完結，總結上陣二十一場五個進球，數據上表現平平但貢獻不少，突破世界盃的零進球，足以寫下日本隊歷史。

呂比須於二〇〇二年在日本結束球員生涯，其後轉型為教練。球場上的他貴為一代名將，從練生涯卻是碌碌無為。自二〇一〇年起出任超過十五間球隊的主帥，當中包括博塔弗戈（Botafogo-SP）、戈亞斯（Goiás）、戈亞尼恩斯（Goianiense）等巴西球會，也曾在二〇一二年及二〇一七年短暫回到日本，分別擔任大阪飛腳助教及新潟天鵝主帥，卻未曾在任何一間球會待過整整一年，每間球會平均執教時期只有五個月。最大榮譽已是二〇一四年執教巴西甲組聯賽球會克里西烏馬（Criciúma），成為首位執教巴西頂級聯賽的「日本人」，惟短短四個月便被辭退。

對於執教路上的跌碰，已獲歐洲足聯專業教練資格（UEFA Pro license）的呂比須曾接受訪問慨嘆：「在大阪與同鄉主帥塞朗（José Carlos Serrão, 1950-）沒有明確的角色關係，導致隊內混亂；在新潟則因季中上任，形勢困難，準備不足，季末保級失敗，為承擔責任而離去。被大阪解任是最震驚的一次，擔任豪門的教練是夢想，那次花了兩年時間才振作。儘管如此，我從這些經歷學懂很多東西，對我個人及教練身分都有進步。」

面對多番挫折，同時擁有日本人的認真和真誠，也有巴西人獨有的強烈的自我主義、飢渴精神的呂比須仍不言敗，靜待下個機會降臨，也不諱言願意重返成名地日本擔任足球相關工作。

# 40

# 把日本送進世界盃的「野人」

岡野雅行

講技術、射術，日本「野人」岡野雅行（Okano Masayuki, 1972）在同年代球星中，根本不入流，但憑強勁爆發力，加上無限拚勁和熱血，終算在史冊留下了大名。「進球一刻像電影一樣，每一幕都歷歷在目。」如果藍武士沒有他的進球，也沒能在一九九八年首次進軍世界盃。

一九七二年出生的岡野雅行，來自神奈川縣橫濱市，家中獨子，祖父是書法家，父親是大老闆，偏偏他卻愛上足球。國中畢業後，他計畫前往足球王國巴西學球，惟遭家人反對，遂入讀寄宿學校松江日本大學高中。當時，學校沒有足球隊，但在岡野帶領之下，居然能夠成為島根縣季軍。

岡野雅行升上當時參加日乙的日本大學後，起初沒能被總教練相中，只能負責洗球衣等雜務，直至首年天皇盃參賽才嶄露頭角。他的技術不太出眾，但速度驚人，曾經在一百米跑造出十秒七，故此這特長也成其球場上的必殺技。當時，他一邊在居酒屋打工，一邊練球，曾因喝酒忘了比賽，但在大學第三年獲浦和紅鑽相中，決心退學追夢，同期隊友包括山田信久（Okano Masayuki, 1972）、岩瀨健（Iwase Ken, 1975）、杉山弘一（Sugiyama Kouichi, 1971）等。

一九九四年首個職業賽季，「野人」上陣三十五場，並在一九九六年踢進十一球，刷新職業生涯新高，同年躋身年度最佳陣容。雖然他只曾代表國家隊二十五場，踢進兩球，但其中一球價值連城。一九九七年十一月世界盃資格賽最後一場對伊朗，藍武士戰至加時階段，加時上半場，岡野錯失多次良機，但在加時賽下半場十三分鐘，中田英壽勁射被救出，由他補中破門，奠定勝局，保送藍武士歷史性打進世界盃決賽圈。

「射門那一刻，像一部電影，所有事情都在慢動作進行，我仍然記得對方門將的眼神，但進球後我興奮得不知發生什麼，甚至跑到伊朗替補席上！」這是他一生最重要的進球，也被日本足球列為平成時代最重要進球；但是，等待他的未來卻不太美好。一九九九年，他到荷甲阿賈克斯試訓，沒能獲得合約。二〇〇一年被租借到神戶勝利船，之後被送走。

二〇〇四年，岡野雅行重返紅鑽，但四年來經常擔任替補，直到二〇〇九年加盟香港球隊天水圍飛馬，短短半個賽季，也是職業生涯唯一的海外經歷。同年，他回到日本，加盟鳥取飛翔，直到二〇一三年正式掛靴，四年後擔任球隊總經理。「找球員、贊助、公關等工作全部一力承擔，開頭的確很困難，但就像當初在沒有足球隊的高中一樣，靠自己一樣可以組織一支球隊。」他說。

最後一提，岡野多年後曾憶述，當時就讀沒有足球隊的高中時是如何熬過來：「雖然那些學長年紀比我大，但很多人對足球毫無認識，部分甚至不知道什麼是越位。」那時候，他差不多是球隊教練，要自行創作訓練方式：「我會帶球員去懸崖邊練運球，一旦皮球掉下去，便要爬下去拿回來，所以人人都不敢胡亂運球，哈哈！」

釀生活45　PE0213

# 日本足壇名將實錄

作　　者　羅　伊、鄭先萌、破　風、凱爾文
責任編輯　鄭伊庭
圖文排版　許絜瑀
封面設計　王嵩賀

編輯企畫　艾輝有限公司
製作協力　非常漫活有限公司
出版策劃　釀出版
製作發行　秀威資訊科技股份有限公司
114 台北市內湖區瑞光路76巷65號1樓
電話：+886-2-2796-3638　傳真：+886-2-2796-1377
服務信箱：service@showwe.com.tw
http://www.showwe.com.tw
郵政劃撥　19563868　戶名：秀威資訊科技股份有限公司
展售門市　國家書店【松江門市】
104 台北市中山區松江路209號1樓
電話：+886-2-2518-0207　傳真：+886-2-2518-0778
網路訂購　秀威網路書店：https://store.showwe.tw
國家網路書店：https://www.govbooks.com.tw
法律顧問　毛國樑　律師
總 經 銷　聯合發行股份有限公司
231新北市新店區寶橋路235巷6弄6號4F
電話：+886-2-2917-8022　傳真：+886-2-2915-6275

出版日期　2024年1月　BOD一版
定　　價　350元



讀者回函卡

**Printed in Taiwan**

國家圖書館出版品預行編目

日本足壇名將實錄 / 羅伊、鄭先萌、破風、凱爾文
著. -- 一版. -- 臺北市：釀出版, 2024.01
面； 公分.
BOD版
ISBN 978-986-445-877-6（平裝）

1.CST：足球 2.CST：運動員 3.CST：傳記
4.CST：日本

528.999 112017518